言葉なんかで人生なんて変わらないと思っているあなたに

名言サプリ

西沢泰生

祥伝社黄金文庫

はじめに
――あなたの人生に、「名言」というサプリを！

仕事のこと、お金のこと、人間関係のこと、健康のことなど、人間、生きていく上での悩みは尽きません。

この本は、言わば「読むサプリ」。名言によって、あなたの人生をサポートし、悩みを解決する。そして、あなたの疲れた心を軽くする、そんな本です。

名言は、ときとして、人生の大きな助けになることがあります。

かく言う私も、名言に助けられた1人。

私は子どもの頃から、いわゆる「名言」が好きで、**「人間に必要なのは困ることだ」（本田宗一郎《ほんだそういちろう》）**など、ピンチに関する名言をたくさん知っていました。

そのおかげで、20年以上も勤めていた会社が無くなってしまったとき、「ああっ、これはもう（この状況を）楽しむしかない！」と思うことができたのです。

もし、私が数々の名言を知っていなかったら、「そんな馬鹿な！」って思って、立ち直れなかったかもしれません。

名言は、ピンチのとき、心の支えになり、サプリとして機能してくれるのです。

さて。

本書では、しゃっちょこばった堅苦しい名言ではなく、

「あなたの疲れを軽くしてくれる名言」

「あなたの考え方を変えてくれる名言」

「あなたの悩みが小さくなる名言」

など、「気持ちが癒《いや》される」「心が軽くなる」という観点で「読むサプリ」として名言をセレクトしました。

名言の主は、歴史上の人物や世界の偉人だけでなく、タレントやスポーツ選手な

ど、幅広いジャンルから選出しています。

そして、各名言のあとの文章は、**名言本にありがちな、その名言についての単純な解説ではなく、**その名言にからめたエピソードや話のネタなど、名言と独立しても、それだけで読み物として楽しめるようにまとめました。


偉人や一流の人たちの知恵が凝縮された「言葉のサプリ」である「名言」。

ぜひ、あなたの人生に、役立ててください！

本書を、楽しみながら読んで、あなたの人生をより豊かなものにするために活かしていただければ幸いです。

西沢泰生《にしざわやすお》

目次

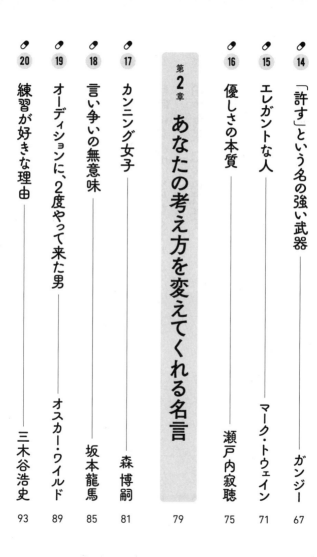

ブックデザイン　井上篤（100mm design）

第1章

あなたの疲れを軽くしてくれる名言

最近、疲れている、気が重いというあなた。
原因は何ですか？
職場の人間関係？　それとも、過去の嫌な出来事ですか？
えっ？　お金の心配？
第1章は、「あなたの疲れを軽くしてくれる名言」です。
あなたの心が少しでも軽くなりそうな言葉とエピソードを選びました。

名言サプリ
1

悩んでも悩まない、
そういうように感じることができれば、
人生は決して心配することはない。

松下幸之助（事業家）

江戸庶民のラクに生きる知恵

「経営の神様」と呼ばれた松下幸之助さんのこの言葉。
その真意は「考えても苦しまない」、つまり、「考えるのはいいこと、しかし、考えすぎは苦悩の元」ということ。いろいろなことで真剣に悩みすぎるより、肩の力を抜いて考えるくらいのほうが気楽でいい。

漫画家で江戸風俗研究家の故杉浦日向子《すぎうらひなこ》さんによると、江戸の庶民たちの「生きる上でのモットー」は、次の3つの「無い」に集約されるのだそうです。

持たない。
出世しない。
悩まない。

のっぱらに行き倒れの死がいが転がっていたり、罪人のさらし首があったり、長屋の住人が死ねば皆で弔《とむら》いをしなくてはならなかった江戸時代の人たちは、現代人よりも、はるかに人間の命の儚《はかな》さを知っていました。

だから、ウダウダと悩むより、「生きているうちに楽しまなければ損だ」とわかっていたのですね。

でも、ほとんどの庶民は、日銭《ひぜに》を稼いでやっと食べている状態。

「江戸っ子は宵越《よいご》しの銭は持たねぇ」なんて粋がっていたのは、裏を返せば「その日暮らし」のお金しか稼いでいなかったからなのです。

そんな彼らが「面白きこともなき世を面白く」するための知恵が、この「持たない」「出世しない」「悩まない」という「三無い」でした。

最初の2つは、たぶん「持てない」「出世できない」を逆手にとって開き直った言葉ですね。「持たない」「出世しない」をモットーにすれば「悩むこともない」というわけです。

言われてみれば、最近の若者たちは、進んで「持たない暮らし」を選択していますす。1人暮らしの若者の部屋に、家具もテレビもなく、床の上にパソコン1台というのも珍しくありません。

「出世しない」もそうです。出世が命だったのは高度成長期のサラリーマンの姿で、今の若者は「会社のなかでの出世」に興味を示しません。

なんだか、江戸の庶民の知恵が、現代になって復活しているようで面白い。

そう言えば、定年まで係長だったある人のことを思い出しました。その係長、「この人は出世できないんだ」と、周りの人たちは少し軽く見ていたのです。ところが、その人が定年したあとでわかったところでは、実は、会社側からの昇進の話を自ら断っていたのだそうです。「人を管理するのが好きではないし、プライベートな時間を大切にしたい」というのがその理由。

「出世できない人」のではなく「出世したくない人」だったのです。

「死んでしまえばカルシウム」という言葉を聞いたことがあります。

人生なんて儚いもの。悩まずに身軽に行き（生き）ましょう。

名言サプリ
2

りっぱすぎる決心は、
きっと三日ぼうずになるから。

ドラえもん（藤子・F・不二雄の漫画の主人公）

立派な計画はいらない

こんなジョークがあります。

ジャック「オレさ、絶対に三日坊主にならない方法を発見したんだ」
トム「へえ、すごい！　で、どうやるんだ？」
ジャック「4日やるんだよ」

ジャック～、それができれば苦労しないよ～って話ですよネ。

「1年の計は元旦にあり」とばかりに、「今年こそは1年間、1日も休まずに日記をつけよう！」と決心したのに、お正月の三が日で終了……というような経験は誰にでもあるのではないでしょうか。

必要か必要でないか？　と聞かれれば、「計画」は必要だと思います。

でも、ドラえもんの名言のとおり、「立派すぎる決心」や「素晴らしすぎる計画」は要らないと思います。

だって、綿密に練り上げられた計画を立ててしまうと、心の負担になるだけではなく、途中でうまく行かなくなったときに「もうやめた」ってなりやすいではありませんか！

「これから1年間、毎日、日記を書くぞ！」って決めてしまうと、たった1日、書けなかった日があるだけで「もういいか」ってテンションが下がってしまう。

さらにこれが、「今後、10年間、毎日書く」なんていう「長期計画」なら、余計に億劫《おっくう》ですよね。

そもそも、現代において、10年計画というものは「絵に描いたモチ」（どんなにうまく描いても食べられない、つまり役立たずということですね）でしかありません。

堀江貴文《ほりえたかふみ》さんは、この「長期ビジョン」についてこう言っています。

「『5年後に○○をして、10年後に△△になる』

なぜ、そんな長期ビジョンを持つ必要があるのだ？　それは、おいしいのか？

長期ビジョンというのも、結局は言い訳だ。やりたいことがあれば、今すぐにとりかかって、『なる早』で実現する。それだけだ」

外資系企業に長年勤務した経験を持つ私の知人の体験です。

米国駐在のとき、彼の周りアメリカのビジネスマンたちは「立派な計画」も「長期ビジョン」も作らず、大きなプロジェクトに取り組むときも、アバウトに「こんなものかな」という青写真を描いて、見切り発車でスタートしていたそうです。

あとは、都度、進行状況に合わせて計画を変更し、「なる早」の実現を目指して、臨機応変に対応していたのだとか。

日記にたとえれば、「まあ、毎日書けたらいいかな」くらいの計画を立てて、やってみてちょっとキツかったら「3日に1回書けたらよしとする」と計画を変更していく…と、そんな感じですね。

そういうアバウトさが、「賢く続けるコツ」なのではないでしょうか。

名言サプリ

3

いいんだよ！

石原良純《いしはらよしずみ》（タレント・気象予報士）

「天気予報は当たらない」と言われたときに

「まゆ毛」ことタレントの石原良純さん。（石原さん失礼！）

父は、作家で元東京都知事の石原慎太郎《しんたろう》、叔父は昭和の伝説のスター石原裕次郎《ゆうじろう》という、芸能界のサラブレッド。

その「お坊ちゃん育ち」によって培《つちか》われた「自由奔放な言動」が逆に心地よくて人気があります。

どれくらい自由かというと……。


私は、良純さんがデパートだかスーパーだかの食品売り場をまわってレポートをするという番組で、試食品でもなんでもない、普通に陳列された食品を、レジを通す前に商品棚から取ってパクパクと食べてしまったのを見たことがあります。

一緒にまわっていたタレントから、「石原さん、美味そうだからって、お金も払わないうちから食べちゃダメでしょ」と言われると、彼、まったく悪びれずにこう言っていました。

「いいんだよ、こんなの。あとから金を払うから、いいんだよ！」

いやいや、ダメっしょ、良純！（笑）。


さて、そんな自由人の良純さん。

タレント、俳優だけでなく、気象予報士という顔も持っています。

ですから、番組によっては天気予報のコーナーを担当することもあるのです。


あるとき、バラエティ番組のなかで、共演していたタレントが良純さんにこう言いました。

「良純さん、天気予報って当たりませんよね。雨は降らないっていう予報を信じて傘を持たないで家を出て、降られるとホント、頭に来るんですけど！」

その言葉を聞いた良純さん。

間髪《かんはつ》を入れずに、こう言い返したのです。

「いいんだよバカ、雨が降ったら雨が降ったで、雨を楽しめばいいんだよ！」

タレントとしてはともかく、気象予報士としてはムチャクチャな回答ですよね（笑）。

でもこれ、なかなかの名言ではないかと思うのです。

晴れの日があれば、雨の日もあるのは当たり前のこと。

もし、晴れの日ばかりだったら、砂漠になってしまいます。

たとえ、旅行の日に雨が降ったって、「雨の○○（＝旅行先）もまたオツなもの」と、良純さんの言うように、雨を楽しんでしまえばいい。

天気だけではありません。人生にだって、晴れの日もあれば、雨の日もある。

人生の「土砂降りデー」も、「こんな日もあるさ」と、思いっきり雨を楽しんでしまいましょう。

幸せも不幸も、心の持ち方次第。（ウィリアム・シェイクスピア　イギリスの劇作家）

名言サプリ

4

「友だちだから断れる」

ならわかるけど、

「友だちだから断れない」

というのは、僕には理解できません。

蛭子能収《えびすよしかず》（漫画家）

本当の「友だち」って？

人間関係って、苦手な人にとっては、本当に疲れの原因になります。

本業は漫画家なのに、すっかり個性的なタレントとしての地位を築いてしまった蛭子能収さん。いつもマイペースな彼も、人づきあいがあまり好きではなく、大人数でベチャベチャとしゃべるような飲み会などの時間が大の苦手なのだとか。

自分から積極的にしゃべるタイプではないし、そもそも、飲み会って、全体的にくだらないことをしゃべっている気がして、料理を食べ終わると、正直、さっさと店を出て1人になりたいと考えてしまうのだそうです。

太川陽介《たがわようすけ》さんと一緒にバス旅をする人気番組の打ち上げでも、蛭子さんが食べ終わってモジモジしていると、太川さんが気を効かせて「蛭子さん、もう帰っていいよー」なんて声をかけるのがパターン。その言葉を待っていた蛭子さんは「すいません。じゃあ、お先に失礼します。またお願いします。へへへッ」とヘラヘラしながら帰るのだとか。

その著書、『ひとりぼっちを笑うな』（角川ｏｎｅテーマ21）のなかで、蛭子さんはこんなことを言っています。

「いまの時代、『友だち』や『仲間』、あるいは『つながり』や『絆』を、必要以上に重く考える傾向があると思います。でも、そうまでして『友だち』って必要なのかなあ。たとえば、『友だちから言われたことは断れない』――これは違う。（中略）もし、**誘いを断れないような存在を『友だち』と呼ぶのなら、僕は『友だち』なんていらない**という考えです」

蛭子さんが言うように、「誘いを断った」だけで「友だちなのに！」と怒り出すような相手は、そもそも「友だち」とは言えませんよね。

「ごめーん、その日は別件があるから、また今度～」と軽～く、何の遠慮もなく言えて、それに対して「オッケー、残念だけどまたね～」と言ってくれるのが本当の「友だち」でしょう。

最近、どうも巷《ちまた》では、メッセージへの既読や返信がないだけで、関係がおかしくなるという、「似非《えせ》友だち」の関係が増えているように思えてなりません。

そんな関係は、本当の「友だち」ではありません。そんな関係なら、蛭子さんが言うように、要りませんよね。

私は**「幸せも、仕事も、お金も、全部、人が運んで来てくれる」**という持論があります。

でも、やみくもに知り合いの数を増やしたほうがいいと思っているわけではありません。

人との「ご縁」を大切にするのが大前提であるのは間違いありませんが、その「ご縁」が「心の負担」になってしまったら話は別。

その人と会う（またはメールする）機会があったとき、「ウットウシイなあ」という思いがあったとしたら、それは「ないほうがよいご縁」です。そんな友だち関係は、幸せにも、仕事にも、お金にもつながることはありません。

心から「会っていて（メールしていて）楽しい」と思えてこそ「友だち」。

「似非友だち」との関係は、できるだけなくして、心を軽くしましょう。

名言サプリ

5

他人の意見で、
自分の心の声を消してはいけない。
自分の直感を信じる勇気を持ちなさい。

スティーブ・ジョブズ（アメリカの実業家）

「グリップを変えろ」と言われた松岡《まつおか》修造《しゅうぞう》

知ったかぶりで意見してくる人って、相手をしていると疲れますよね。

自己啓発書やビジネス書ではよく、**「他人に影響されるな、自分を信じろ」**という趣旨の言葉を目にします。

勘違いをしてはいけないのは、これ、決して「他人の意見は聞くな」という意味ではないということ。

自分を信じるのはよいけれど、限られた視野や知識にのみ頼るのはノーグッド。他人の意見は、できるだけたくさん聞いたほうがベターです。

名言の主、ジョブズだって他人のアイデアにちゃんと耳を傾けて、それが良い意見なら取り入れています。（ただ、あまりにも考えすぎて、いつの間にか他人のアイデアなのか自分のアイデアなのかが、わからなくなっていたようですが……）

「自分を信じる」とは、「他人の意見を参考にしつつ、最後の最後、決断のときには自分を信じて決める」ということ。**他人の意見は、あくまでも「参考」**です。

自分のなかに確固たる「心の声」があるとき、他人の無責任な意見に惑わされてはいけません。

日米のプロ野球で偉大な成績を残したイチローは、はじめてメジャーへ行ったときに、マリナーズのコーチから「バッティングフォームを変えろ」と、自分が信じる振り子打法を否定されたそうです。

それに対して、とりあえず「イエス」と返事をしたイチロー。

しかしその後、ほんの少しの間、違う打ち方をしただけで、結局はぜんぜんフォームを変えることはなかったのだとか。

その場で「ノー」と言うと、コーチの面子《めんつ》をつぶしてしまいカドが立つので、1度は「イエス」と返事をしておいて、シーズンに入ってからの実績でコーチを黙らせてしまった、というわけです。

テニスの松岡修造さんは、高校生の頃、テニス部の監督から「ラケットのグリップを変えろ」と言われたそうです。

修造さんが在籍していた柳川高校のテニス部は厳しいことで有名。監督の指示は絶対です。しかし、監督から言われたグリップが自分に合わないことを直感的にわかっていた修造さん。いったいどうしたと思います？

なんと、指示されたグリップに変えると、**ワザと監督の目の前でミスショットを繰り返した**のです。

なははっ、やりますねぇ、修造さん！

監督が、この修造さんのミスショットをワザとだと見抜いたかどうかは定かではありません。しかし、結局は、「好きにやっていい」と、修造さんのスタイルを認めてくれたそうです。

修造さんは、監督の心の大きさに感謝し、「もし、このときに監督の言うとおりにグリップを変えていたら、自分は世界に出て行くことはなかっただろう」と言っています。

イチローも修造さんも、**自分を信じて、勇気ある「ノー」を貫いたことによって、「世界」という夢舞台で活躍ができた**というわけですね。

名言サプリ

6

とらわれない心、
こだわらない心、
かたよらない心。

高田好胤《たかだこういん》（薬師寺第百二十四世管主）

ワンマン社長が休んでみたら

工務店の社長であるAさんは完璧主義者でした。

よく言えば、こだわりがある。

悪く言えば、融通が利かない。

「若いやつらにはとても任せられない」と、ついつい、受けた仕事は、ほとんど全部を自分でやり、社員には手伝わせる程度。

朝はオフィスに一番乗りし、夜は最後まで残っている。

そんな生活をずっと続けていました。

ある日のこと。

Aさんはお客さん先で打ち合わせをしているときに倒れ、そのまま入院します。

医者の診断結果は「過労」。

すぐに仕事に復帰しようとしたAさんでしたが、ドクターストップによって、仕方なく、一時、仕事を社員たちに任せることにしたのです。

やがて、元気を取り戻したAさん。

現場に復帰してみて驚きました。

あんなに**頼りないと思っていた若い社員たちが、自ら考えて自ら動き、社長の抜けた穴を見事にふさいでくれていた**のです。

久しぶりに訪問したお客さんからは、「しっかりした社員がいてうらやましい。いつでも隠居できますね」と冷やかされる始末。

この体験によって、Aさんの目からウロコが落ちました。

これ以降、Aさんは積極的に社員に仕事を任せて、自分は要所要所でアドバイスやフォロー、軌道修正をするというようにスタンスを変えたのです。

Aさんは、**「完璧に仕事を進めなくては」という思いにとらわれるあまり、「自分でやること」にこだわって**いました。

その根底には、「若い社員に仕事を任せるのは、まだ無理」という、若者への偏見があったのです。

ところが、必要に迫られて、仕事を「任せてみたら」、思った以上に彼らがしっかりしていたことに気づかされた。

さらに、若い社員たちも、実は「もっと仕事を任せて欲しい」と思っていたことを知り、仕事の進め方を変えることを決めたのでした。

間違えないで欲しいのは、「こだわること」は決して悪いことではありません。

むしろ、仕事のレベルを上げるための「こだわり」が必要です。

前出のスティーブ・ジョブズが「世界を変えるほどイイ仕事」をできたのは、まさにこの「こだわり」のたまもの（そのために社員はたいへんでしたが……）。

しかし、**おかしな「思い込み」や「プライド」、そして、「偏見」にとらわれてしまった「こだわり」**は、あなた自身や周りへ悪影響を及ぼすだけです。

高田好胤さんの名言、「とらわれない心、こだわらない心、かたよらない心」とは、そうした「思い込み」「プライド」「偏見」など「間違ったこだわり」の原因となるものを戒《いまし》めた言葉ではないでしょうか。

あなたの、その「こだわり」は何に起因しているのか、「こだわる」ときは、1度考えてみてください。

名言サプリ

7

人間の運命よ。
お前はなんと
風に似ていることか。

ヨハン・ゲーテ（ドイツの詩人・作家）

運命の気まぐれ

恐怖漫画の巨匠、楳図《うめず》かずおさん。

その彼の作品に、「運命のいたずら」の怖さを描いた『赤い服の少女』という短編があります。

私は子どもの頃に読んだのですが、後に、同じストーリーで描き直しもされたと聞きますので、楳図さんとしてもお気に入りの作品だったのかもしれません。

『赤い服の少女』のストーリーをごく簡単に紹介すると……。


主人公はスターになることを夢見る少女。

あるオーディションを受けるにあたり、街角のショーウインドウで美しい赤いワンピースを見つけます。

「このワンピースを着てオーディションを受ければ、絶対に合格できる！」

そう確信した少女でしたが、ほんのひと足違いで、そのワンピースはライバルの少女に買われてしまうのです。

結果、その服を着てオーディションを受けたライバルは合格。自分は不合格に。

オーディションに受かったライバルは海外行きが決定。

もし、あの赤いワンピースを先に買うことができていたら、絶対に自分があの海外行きの飛行機に乗っていたのに……と悔しがる少女。

しかし。

その飛行機は墜落し、乗客は全員が死亡。

そのことを知った少女は、恐怖に震え上がったのでした。


たったこれだけの話です。

しかし、読み終わったあとで、「へび女」や「化け猫」が出てくる作品よりも、はるかにゾッとしたのを覚えています。

いや、はっきり言って、今、思い出しても、そこはかとなく怖い。

『赤い服の少女』は、楳図さんの創作ですが、少し前に、雑誌か何かでこんな投稿記事を読みました。

投稿者は若い女性。

友人たちとワゴン車でドライブ行くという当日に、激しい頭痛に襲われてしまい、「楽しみにしていたのに最悪」と思いつつ、泣く泣くドタキャンをしたのです。

すると、ドライブに行った友人たちから、事故に巻き込まれたと連絡が。

幸い、全員無事だったのですが、あとから、事故に巻き込まれたという友人のワゴン車を見た彼女は震えが止まらなくなったそうです。

その日、もしドライブに行っていたら、彼女が座るはずだった席だけが、事故でペシャンコになっていたのです。


運命は、かくのごとく気まぐれです。

風のように、すぐに向きが変わる。

「最悪」と思っていたことで、命を拾うこともある。

だから、**どんなに「最悪だ」と思うような出来事に見舞われても、必要以上にがっかりすることはない**のです。

その出来事は、実は「これ以上ない幸運」なのかもしれないのですから。

名言サプリ
8

喫《きっ》茶《さ》去《こ》

禅の言葉

誰に対しても同じように

禅の言葉に「喫茶去」という言葉があります。

「喫茶」は言うまでもなく「お茶を飲むこと」。「去」には意味を強調する働きがあるので、「まあ、お茶でも飲みなさい」というような意味。

この禅語のもとになったのは、こんな話です。


ある禅の老師のところに、修行僧が教えを乞《こ》いにやってきます。

彼に「ここに来るのは、はじめてかな？」と聞く老師。

修行僧が「はじめてです」と答えると、老師は彼に言います。

「喫茶去」


別のとき。

別の修行僧が師匠のもとに教えを乞いにやってきます。

彼に「ここに来るのは、はじめてかな？」と聞く老師。

「いえ、以前にも来たことがあります」と修行僧。

それを聞いた老師は、彼に言います。

「喫茶去」


一連の出来事を見ていた院主《いんじゅ》（禅寺の事務を監督する人）が老師に尋ねます。

「はじめて来た相手にも、以前に来た相手にも、あなたは同じように『喫茶去』とおっしゃる。なぜですか？」

その言葉を聞いた老師は「院主！」と声をかけます。

思わず院主が「はいっ」と返事をすると、老師はこう言ったのです。

「喫茶去」


話はこれだけ。

出来事のみなので、解釈が分かれていて、「お茶でも飲んで出直して来なさい！」と解釈する人もいれば、「とにかく落ち着いて、まずは一杯」と解釈する人もいる。

そこで私の解釈。

最初の僧への「喫茶去」は、**「ほう、ここははじめてかね。それはそれは、よう来られた。まあ、お茶でも召し上がれ」**という意味。

2番目の「喫茶去」は、**「ほう、以前にもここに来たことがある。それはそれは、まあ、お茶でも召し上がれ」**という意味。

そして、院主への「喫茶去」は、**「院主さん、そんな細かなことはどうでもよいではないですか。まあ、お茶でも召し上がれ」**という意味。

相手が「はじめて会う相手」であろうと、「会ったことがある相手」であろうと、「同じ寺の仲間」であろうと……、つまりは、**相手が誰であろうと、常に同じように「優しい、もてなしの心」で接する。**

そういう**自然体の心づかいと、どんなときも慌てないで「一息つく」という心の余裕の大切さ**が「喫茶去」のひと言に込められているという気がするのですが、いかがでしょう。

そこの少し疲れているあなた。

喫茶去。

名言サプリ

9

金は欲しがると逃げる。

水木しげる（漫画家）

必要だけど欲しがってはいけないもの

『ゲゲゲの鬼太郎』や『河童の三平』など、数々の「妖怪漫画」で知られた漫画家の水木しげる先生。

ある日、先生の夢まくらに妖怪たちがあらわれて「いつも私たちのことを漫画に描いてくれているお礼をしたい」と申し出があった……という話があります。

そのときの水木先生と妖怪の会話。

妖怪 なんでも望みをかなえます。

水木 女にモテるようになるとか……。

妖怪 そんなことは、ダメなんです。妖怪は、金と女はダメなんです。

水木 そりゃァ、すべてダメということじゃないか。

あはははっ、先生ナイスなツッコみ！

この話を聞いて、あなた今、「あれ？　水木先生、名言で『金は欲しがると逃げる』なんてカッコイイことを言っておきながら、モテるだけじゃなく、お金を欲しがっているじゃん」って思いましたね。

そりゃー、そうです。水木先生だって、お金のことは嫌いじゃありません。欲しいに決まっています。でも、**「お金ってヤツは、あさましく欲しがると逃げるんですよ」**という原則について教えてくださっているのです。

そもそも、お金を儲けることは悪いことではありません。

むしろ、**お金は、自分の夢を継続するためには必要なもの**です。

考えてもみてください。

「世のため人のためになる会社を作る」と、どんなに立派な志を持って起業しても、採算が取れず赤字続きなら、あっという間に経営破たんですよね。

かつて、日本中の小学校の校庭に「薪《たきぎ》を背負ったまま読書をする姿」の像があった二宮金次郎《にのみやきんじろう》こと二宮尊徳《そんとく》。

荒地を開墾して収穫を上げ、お金を貯めた農政家であり、小田原藩の財政を立て直した尊徳さんは、こんなことを言っています。

「道徳なき経済は、罪悪である。経済なき道徳は、寝言である」

若い頃にお金に苦労した尊徳さん。キレイごとではない、リアルな言葉です。

道徳を無視して、あさましく金儲けにだけ走ることは罪悪につながる。

逆に道徳にこだわり採算を無視すれば、それはただの「夢物語」でしかない。

私の知人は、学生時代の就職活動で、有名大手企業と彼の得意分野であるＩＴ企業の両方から内定をもらいました。父親に「大手を蹴って、社員20数名のＩＴ企業に行きたい」と相談したとき、普段、厳格な父はこう言ったそうです。

「勝算はあるのか？」

「好きな分野へ進むのもいいが、稼ぎのほうは大丈夫か？」とクギをさしたわけですね。ちなみに彼が就職したＩＴ企業は、その後大躍進。

彼が蹴った有名大手企業は、経営不振でリストラの嵐が吹いています。

金は天下のまわりもの。追いかけて疲れるのはやめましょう。

名言サプリ

10

フッとやって、
グッとやれば跳べるよ。

浅田真央（元フィギュアスケーター）

天才たちのアドバイス

かつての天才バッター、「ミスタープロ野球」とまで呼ばれた長嶋茂雄《ながしましげお》さんは、ある選手から「バッティングのコツ」を聞かれてこう答えたそうです。

「ボールがさぁ、ビューッと来たら、パーンと打つんだ！」

聞いたほうはチンプンカンプン。

でも、このアドバイス、実に的を射ている気がするのです。

浅田真央さんのこの名言。

実はこれ、2018年開催の平昌《ピョンチャン》オリンピック、フィギュアスケート銀メダリストの宇野昌磨《うのしょうま》選手が、まだ、どうしても3回転半ジャンプが跳べずに悩んでいたとき、真央さんにアドバイスを求めた際の回答です。

天才スケーターから、あっけらかんと、**「フッとやって、グッとやれば跳べるよ」**

と、アドバイスをもらった昌磨君。

はっきり言って「なんだそれ?」という思いだったとか。


と、ところが……。


真央さんのアドバイスを頭に浮かべながら跳んでみたら、何となく無心で跳べた。

そうやって、何度か跳んでいるうちに、突然、「あれっ?」というジャンプができたのです。

そのジャンプを見ていた周りの人たちは驚きました。

それはそうです。

なんと、昌磨君、3回転半ジャンプどころか、いきなり4回転ジャンプを成功させてしまったのです!

あんなに練習しても3回転半が跳べなかったのに、「フッとやって、グッとやったら」いきなり4回転成功って、あなた……。

さすがは、のちの銀メダリスト！

私が思うに、天才肌の人たちって、物ごとを「理屈」ではなく「感覚」でとらえるのがウマいような気がします。

タップダンスの名手は、「右のかかとで音を出したあとに、左のつま先で音を出して、その次は……」なんて、いちいち考えません。タッタ、スタタン、スタタタタンて、身体で覚えていて、無心に、感覚でやっているからうまくいく。

感覚でとらえているから、他人に説明するには、「パーン」とか「グッ」などの「オノマトペ」でしか伝えようがないのでしょう。

そして、わかる人にはこの「オノマトペ」でもちゃんと伝わるのです。

何かで悩んでいるあなた。

あなたも、やる前からクヨクヨ、ウダウダ悩むより、イヨッて、始めてササササッと進めたら、サクッと終わりにしてパーッと飲みに行っちゃいましょう！

名言サプリ
11

他人なんて他人だし、
あなたのことをそんなに
真剣に考えてないですから。

宮藤《くどう》官九郎《かんくろう》（脚本家・映画監督）

あなたを惑《まど》わす他人

他人の意見に惑わされてはいけません。

あなたが自分の悩みごとについて、親友に相談したとします。
きっと、その親友は、あなたの悩みを熱心に聞いてくれるでしょう。
もしかしたら、あなたの悩みを聞いて泣いてくれるかもしれません。
そして、あなたへ心からのアドバイスをくれることでしょう。

私は、宮藤官九郎さんのようにひねくれてはいないので（官九郎さん、失礼！）、親友が「自分のことを真剣に考えてくれない」とは思いません。
きっと、真摯《しんし》に耳を傾けて、真剣にアドバイスをしてくれると思います（だって親友ですから！）。

し・か・し！

親友だろうが、家族だろうが、結局は「あなた以外の別の人」です。

あなた自身ではありません。

あなたがどうすべきかは、あなた自身が決めるのが、最良にして唯一の道。

どんなに信頼している先生や先輩の意見も、結局は他人の意見ですから、あなたが最終決定をしてください。

自分で決めた道なら、失敗したって自分の責任。

他人に罪をなすり付けなくて済みます。

それだけでも、自分で決める価値はあるというもの。


何かの投稿記事に出ていたある女性の話。

就職した会社はブラック企業。

結婚した相手はろくでもない男で、すぐに離婚。

つまり、仕事もプライベートもうまく行かないことだらけ。

ある日、同居する母親にそのことを愚痴《ぐち》ったところ、母親からこんなひと言が返ってきたそうです。

「仕方ないでしょ、全部、あんたが自分で決めたことなんだから」

そう言われて彼女は「なんだか、目からウロコが落ちた気がした」のだとか。
母親は、彼女が自分で選択したことについて、1度も反対したことがなかったそうです。

だから、就職先も結婚相手も、選んだのはすべて自分。
全部、自己責任。
そう思ったら、「それじゃあ、仕方ないか……」と、なんとなく、心の踏ん切りがついて、**「もっと、いい選択ができる自分になろう！」**と、前向きになれたのだそうです。

あなたのことを、一番真剣に考えてくれるのは、他ならぬあなた自身です。
自分に対して、「より良き選択をしてあげられる自分」を目指しましょう。

名言サプリ

12

釣れないときは、
魚が考える時間を
与えてくれたと思えばいい。

アーネスト・ヘミングウェイ（アメリカの作家）

うまくいかないときは

誰にでも「うまくいかないとき」ってありますよね。

「どうして、こんなに重なるの！」って思うくらい、バッドニュースというのは不思議と連続して襲って来るものです。

何をやっても裏目に出る。

身動きが取れない。

いくら待っても事態が好転しない……。

そんなときは、下手にジタバタしないで、開き直るという手があります。

あるタレントは、不祥事を起こして芸能活動ができなくなったときに、**「今は、自分にとって充電期間」**と考えて開き直り、以前から書いてみたいと思っていた小説の執筆を進め（のちに出版）、さらに、大学受験をして勉強をし直す期間にあてたそうです。

そう言えば、堀江貴文さんは、刑務所で過ごした2年弱の間、読書を続け、出所後に『ネットがつながらなかったので仕方なく本を１０００冊読んで考えた　そしたら意外に役立った』（角川書店）というタイトルの本を出版していますね。

松下村塾を開いたあの吉田《よしだ》松陰《しょういん》も、25歳のとき、アメリカへの密航を企てて捕らえられ、1年2か月もの投獄生活を送りますが、その間に６１８冊もの本を読破しています。

これら、「獄中での読書」というのも、人生において、うまくいかない時間を「充電期間」として未来に活かす布石としている例です。

『エイベックスで学んだ思いつきをお金に変える技術』（サンマーク出版）という著書がある津森《つもり》修二《しゅうじ》さん（元エイベックス・ミュージック・クリエイティヴ株式会社ビジネスアライアンス本部企画開発部部長）は、途中で**とん挫してしまった企画は、「『捨てる』のではなくすべて『ストック』しておく」**と言っています。

ちょっとした壁なら、ネバーギブアップの精神で粘って乗り越えますが、予算やスポンサーの意向などで、どうしても企画をストップせざるを得ないこともあります。

そんなときは、**「ためだこりゃ！　次、行ってみよう！」**という、かつて、いかりや長介《ちょうすけ》さんがドリフターズのコント番組で言っていたフレーズと同じ精神で、あっさりと見切りをつけて新しい企画に移る。

ただし、途中まで進んでいた企画のアイデアや資料は**同じ部のメンバーで共有して、別の機会に活かす**ようにしていたのだそうです。

これも、「未来に向けて充電している」ということですね。


魚釣りに来ているのに、浮きがピクリともせずに何時間も釣れないとき。

悶々《もんもん》と時間を過ごすのではなく、「これは、魚が考える時間をくれたんだ」と思って、未来へ向けて、「学んだり」「思考したり」「充電したり」する時間に使う。

疲れを取りに来ているなら、イライラしないで、あえて、ボーッと何も考えない時間として有効に使ってみる。

時間の大切さを知っている人の「賢い時間の使い方」です。

名言サプリ

13

過ぎたことで、心を乱すな。

ナポレオン・ボナパルト（フランスの軍人・政治家）

過去だって変えられる

よく、「過去は変えられない」という言葉を聞きます。

でも、本当に「過去」は「変えられないもの」でしょうか？


私は「変えられる」と思っています。

そもそも、過去なんて、今はもう存在していません。写真や日記をのぞけば、あなたの心のなかに記憶として残っているだけ。

人間は、ほとんどの過去は忘れて生きているので、あなたが忘れた過去は、あなたにとって「存在していなかった」とほぼ同じなんです。

だったら、**「覚えていることで現在にマイナスを及ぼすような過去」は、とっとと忘れてしまうのが得策**ではありませんか！

あるいは、どんなにハズカシイ失敗だって、「今の自分があるのは、あの手痛い失敗があればこそ」と考えて、「プラスの過去」に変えてしまえばいい。

「過去」なんて、考え方1つでいくらでも変えることができるのです。

私は、この「マイナスの過去をずっと引きずって損をする」という話を聞くと、モンゴメリー原作の『赤毛のアン』を思い出します（……と言っても、私の場合は、原作よりもテレビアニメのほうなのですが……。原作のファンの皆様、失礼！）。

主人公のアンは、学校で、ギルバート（将来の結婚相手）とはじめて会った日に、アンの気を引こうとしたギルバートから、気にしている「赤毛」について「にんじん」と言われて激怒します。

そして、その後ずっと、そのことを根にもって、ギルバートを無視し続けてしまう（詳しくは、もう1つ事件があるのですが割愛）。

何年も経つうちに、アンもギルバートも、少女少年から若者に成長します。ギルバートは聡明で頼りになる青年となり、アンは、実は、もうずっと前に彼を許しているにもかかわらず、素直に彼と接することができずにいました。

『赤毛のアン』のクライマックスは、あることで自分を救ってくれたギルバートにアンが感謝し、2人が和解する、とても美しいシーンです。

ここでアンは「本当に（私は）何て頑固なお馬鹿さんだったんでしょう。私あのときからずっと後悔していたの」と言っています。

アンは、過去を水に流せない自分を、ずっと後悔していたのですね。

あなたには、「心を乱す過去」がありますか？

カウンセリングの世界では、対象者との対話によって、カウンセラーが「対象者の『心のわだかまり』となっている『過去』の出来事」を引き出して、**「その過去のわだかまりを無くさせること」で心の解放を計る**と聞いたことがあります。

たとえば、あなたが「一生忘れられない」なんて思っている出来事も、それに関係した人たちのほとんどは覚えてさえいないもの。

そんなことで、思い出すたびに後悔したり不機嫌になるなんて、ものすご〜くアホらしいではありませんか！

過ぎたことは、もう過ぎたこと。

忘れてしまいましょう！

名言サプリ

14

弱い者は、「許す」ということができない。「許す」ことができるのは、強い者の証しだ。

ガンジー（インドの政治指導者）

「許す」という名の強い武器

よく、鼻息を荒くして、「アイツだけは許せない！」って、息巻いている人がいます。

でも、そういう人にかぎって、「アイツ」だけでなく、「ソイツ」も「コイツ」も「ドイツ」も「イタリア」も、世界中、ぜ～んぶ「許せない」と思っているもの。

要するに、**「アイツだけは許せない！」と言っている時点で、「私って、他人《ひと》を許す度量がないんだよね」と、世間に宣伝しているようなもの**なのです。

名言の主、ガンジーは、インドをイギリスから独立させた立役者です。

大国イギリスに対して、ガンジーが用いた最大の武器が、この「許す」という行為でした。「服従しろ！」と銃口を向けてくる相手に対して、徹底的に「非暴力、非服従」を貫いたのです。

いつの世も、戦争は「戦争を仕掛ける側」と「戦争を受ける側」がいて初めて成り立ちます。もし、**片方が無抵抗だったら、戦争は不成立。**

この「無抵抗」は、「戦争を正当化すること」を許しません。

ガンジーは、**圧倒的に強い相手に対して、「無抵抗」を武器にすることで、対等の立場に立った**のです。

何をされても、暴力による抵抗はせずに、許す。

しかし、服従も迎合《げいごう》もしない。

イギリスの歴史上、これほどやっかいな相手はいなかったことでしょう。


国家的な話ではなく、私たちの普段の生活でも、「許す」という行為は「大きな力」を発揮します。

デートの約束時間に遅れて来た相手に対して、「来ないので心配だったけど、無事に来てくれてよかった〜」なんて言ってごらんなさい！　相手はもう、あなたにメロメロですよ！

また、「許す」ことは心に平安をもたらします。

私の知人は、ずっと両親のことが許せずにいましたが、あるとき、**「私はあなたを許します。私が自由になるために」**という言葉と出会って、「許さないことで損をしていたのは自分なんだ！」と気がついて、両親への心のわだかまりを消し去り、とてもラクになったそうです。

「インド独立の父」と呼ばれたガンジーの最期は、皮肉にも同じインド人によって銃で撃たれるというものでした。

ガンジーの慰霊碑《いれいひ》には、彼が狙撃されたときにつぶやいたという言葉がヒンディー語で刻まれています。

その最期の言葉は「ヘイ・ラーム（おおっ、神よ）」。

この言葉は、**「自分を撃ち殺したこの男の罪を、神よ、どうか許したまえ」**という祈りの言葉でした。

なんとガンジーは、自分を殺した相手までも「許して」この世を去ったのです。

15

優しさとは、
耳が聞こえない者も聞くことができ、
目の見えない者も
見ることができる言葉なんだ。

マーク・トウェイン（アメリカの小説家）

エレガントな人

人間、年を取ると、なぜか二極化します。

それは、「極端にプライドが高い頑固老人」と「包容力のあるエレガントなお年寄り」。どっちのタイプになるのかは、どうやら、人生のどこかで「分かれ道」があるようなのです。

前者の頑固タイプは、失礼な若者などは絶対に許せません。いや、それどころか、レストランでオーダーした料理がなかなか来ないだけで激怒します。ひと言、「もしかしたらオーダーが抜けてはいないかな」と言えばいいのに、なぜか、「こっちは1度オーダーしたんだから」と意地を張って待ち続け、怒りがMAXになって爆発するのです。

いっぽう、「エレガントなお年寄り」になった人って、言葉づかいや物ごしなど、本当にすべてから、「余裕」と「優しさ」が漂っています。

目の前で若者が失礼な態度を取っても、ニコニコとして「うん、元気があってイイね」なんておっしゃる。

そういう人を前にすると、これはもう勝てないな（何が？）と思ってしまいます。

さて。

あの日、京王線の新宿駅で、発車時刻待ちの電車に乗ってきたご婦人。

年齢は70過ぎぐらいでしょうか。

小ぎれいな服に銀縁のメガネ。

控えめだけどおしゃれな帽子。

福々しいほっぺたが、「おばあちゃん」というより「グランドマザー」と呼びたくなるような上品さを醸《かも》し出しています。

その方が、発車まであと30秒、というタイミングで、杖《つえ》をつきながら乗って来たのです。

私はシルバーシートのすぐ横に立っていましたので、「おっ、これは誰か席を譲るかな？」と、すっかり、シルバーシートウォッチャーに。

すかさず30歳くらいの男性が立ちあがって、「どうぞ」と声をかけました。

声をかけられた、そのグランドマザーの言葉がなかなか、お茶目でした。

「いいです、いいです。せっかく座ったのにアナタ……」

いや〜。エレガントですね。

ポーズだけの遠慮ではなく、立ちあがった相手を心から気づかっているのです。

結局、男性から「どうぞ、どうぞ」と勧められて座った彼女、「ごめんなさいね、明大前で降りますからね」と、恐縮することしきり。

明大前に着いたときも、席を譲った男性に、ふたたび丁寧なお礼を言って降りて行きました。

イライラしている人って、傍《はた》から見ていると、みっともないし、本人の健康にもよろしくない。

逆に、このご婦人のように、態度や言葉のはしばしから優しさがにじみ出てくる人は、見ているこっちまで温かい気持ちになります。

ソンナトシヨリニ、ワタシハナリタイ。

名言サプリ

16

本当の優しさとは、
相手を理解し、
相手の心情を思いやる
想像力を持つことです。

瀬《せ》戸《と》内《うち》寂《じゃく》聴《ちょう》（小説家・天台宗の尼僧）

優しさの本質

「優しさの本質」は「相手に対する想像力」。

そのことを教えてくれる、ある会社で実際にあった話。

その会社はあるグループ企業のなかの1社。

事情があって、その規模を大幅に縮小し、社名も変えて再スタートを切ることになり、その新会社の説明会が行なわれることになりました。

新会社について、現社員に説明をして、優秀な人材には、そのまま新会社に入ってもらおうというのが親会社の狙いです。

しかし、説明会では、新会社について、事業内容の説明はされたものの、「新会社の場所」については、「現在検討中」ということで、説明がされませんでした。

質疑応答になり、1人のマネジャーが勇気を持って質問をします。

「私たちサラリーマンにとって、毎日の通勤というのは生活における重要な要素です。せめて、現在、候補になっている場所だけでも教えていただけませんか？」

そのマネジャーさんは、自分がどうのというよりは、どちらかと言えば、自分の下で働く部下たちを代表して、聞きにくいことを聞いたのです。

ところが、この質問に対する、新会社の説明をしていたグループ会社の役員の回答は心ないものでした。

「通勤時間が少しぐらい長いとか、そんな理由で新会社に入るかどうかを迷うような社員は、新会社には来てもらわなくてもいい」

たぶん、この役員、新会社の場所の決定が難航していて、「質問されたくないイタイところ」をズバリと聞かれて少しカチンときたのだと思います。

しかし、それでも、この回答は人の上に立つ人間の回答として残念すぎます。

だってそうでしょう。

社員によっては、とんでもない郊外に家を持っていて、新会社の場所によっては「片道3時間以上かかってしまう」なんてことだってあり得ます。

それに、子育て中の女性社員のなかには、毎朝、子どものためにお弁当を作って、その子を保育園へ送ってから通勤している人だっているかもしれない。

少し想像すればわかることです。それなのに、この役員の回答は、優しさの本質である「想像力」が欠落していたとしか言いようがありません。

結局、このやり取りを聞いていた既存会社の社員の多くは新会社への入社をやめてしまいました。新会社は、役員のたったひと言の失言によって多くの優秀な人材を一瞬にして失ったのです。

もし、この役員に想像力があれば、こう答えていたことでしょう。

「新会社の場所の決定をこの説明会に間に合わせることができなく申し訳ない。決まり次第、お知らせするので、もう少し待って欲しい」

こう回答していたら、少なくとも「誠意」が感じられたのではないでしょうか？

「優しさほど強いものはなく、本当の強さほど優しいものはない」（ラルフ・ソックマン　アメリカの牧師）

第2章

あなたの考え方を変えてくれる名言

人生において、「思い込み」というものは得てして邪魔な存在になります。
「思い込み」を続けていると、心に引っかかったまま、どんどん濁ってくる。
そして、気がつけば、濁点がついて、「おもいごみ（重いゴミ）」になる。
第2章は、「あなたの考え方を変えてくれる名言」です。
あなたの「思い込み」を外してくれそうな名言とエピソードを集めました。
あなたの「心のゴミ掃除」になれば幸いです。

名言サプリ

17

人生には、
テキストもノートも助っ人も、
何でも持ち込めます。

森《もり》 博嗣《ひろし》（小説家・工学博士）

カンニング女子

小学生の頃のカンニングの思い出です。

あっ、私がカンニングをしたのではありませんよ。

正しくは、カンニングをされた思い出。


たしか、小学校の社会か何かのテストでのこと。

私は、テストの最中、ずっと、隣の席の「あまり性格のよろしくない女子」が、チラリチラリと私の答案をカンニングしているような気配を感じていました。

解答を終えた私は、「コイツ、ふざけんなよー」と思って、さっさとテストを裏返しにしていましたが、ふと、私の心に悪魔がささやきかけてきたのです。

「カンニングをするようなヤツには、天罰を下してやりなよ」

魔がさすというのは、こういうこと。

私は、見直しをするフリをして、テスト用紙を再びオモテにすると、すでに書いてあった解答を消しゴムで消して、ワザと間違った答えを書きました。

そして、隣のカンニング女子がその部分の解答を見やすいように少し用紙をずらしたのです。

隣からは、私の回答を横目で見る気配と、答えを書き込む気配。

「クックックッ、かかったな」と内心、ほくそ笑む悪魔と化した私。


さて、ときは流れて、そのテストが返却され、採点を見た私は目を疑いました。

なんと、カンニング女子をワナにはめるために書いた間違った答えをそのままにして提出してしまっていたのです。

な、な、なんというドジ。隠した木の実の場所を忘れるリスか！

いやはや、「人を呪わば穴二つ」とはよく言ったもの。

他人を陥《おとしい》れようと考えて、墓穴を掘ったのですね。

それにしても、当時の私、器が小さすぎ！　今の私だったら、「見たいなら、どうぞどうぞ」と、正しい答えをカンニングさせてあげるでしょう。

だって、あなた。私の答えを見たって、その子のテストの点が5点くらい上がるだけのこと。そんなの、世界にとって、ど～～～でもいいことではありませんか！

だったら、「どうぞ、どうぞ」です。

さて、森博嗣さんの名言です。

学校のテストや受験では、テスト中に隣の人の回答を見たり、教科書をのぞき見したりすればカンニングになります。

でも、**人生においては、カンニングは自由。**

せっかく、許されたアドバンテージ。活かさないのはもったいない話です。

何かで困ったり、わからないことがあったら、世の中にあふれる「模範解答」をどんどん参考にしちゃいましょう。

そして、遠慮なく周りの人に聞いて助っ人になってもらいましょう。

人間は、どう頑張っても独りでは生きていけません。

意地を張らずに、素直に周りに頼るのが、人生をラクにするコツです。

名言サプリ

18

俺は議論はしない。
議論に勝っても、
人の生き方は変えられぬ。

坂本龍馬《さかもとりょうま》（幕末の志士）

言い争いの無意味

よく、「言った、言わない」で言い争いになることがあります。

待ち合わせをしていて、「1時に変更って言ったろう！」「いや、1時半だとしか聞いてない」という議論ですね。

これでもし、伝えたほうが「ほら見ろ、このメール」って証拠を示しても、言われたほうは、「そんな時間に送ってきても見てねぇし」って不愉快なまま。

それより、「もっとちゃんと伝えればよかった、ごめんごめん」と言えば、「いや、こっちこそ、もっとメールに注意していればよかった」と丸くおさまります。

私は以前、行列ができるバイキングのお店へ予約をして行ったとき、「申し訳ございません、ご予約を承《うけたまわ》っていないようです」と言われたことがあります。

まだネット予約もない頃のこと。電話予約ですから、こっちには何の証拠もありません。もちろんその日もお店の前は大行列。事前予約をしていないお客さんが20人近く、店頭に並べられた椅子を埋めていました。

「申し訳ございませんが、列に並んでいただけますでしょうか」と言われたので、「では、帰ります」と伝えると、「申し訳ございませんでした」と、次回来店時に使える割引券を差し出してきました。一応、券は受け取って帰ったものの、2度とそのお店には行っていません。

たぶん真相は、電話予約のときに日にちを聞き間違えた店員が、予約を台帳の別の日に書き込んだか、こっちが日にちを言い間違えた程度のことでしょう。でも、そんな理由はどうでもいい。お店はお客を失って損をしたというのが結果です。

作家の向谷匡史《むかいだにただし》さんは、レストランの電話予約で、私とはまったく逆の体験をしたそうです。

予約したレストランへ奥様とでかけていくと、お店のマネージャーから「失礼ですが、予約リストにお名前が見あたらないようですが」との言葉。

「おかしいな。電話したんだが」と向谷さん。

その言葉を聞くと、このマネージャー、間髪を入れずに、丁寧に頭を下げてこう言ってきたのだそうです。

「それは誠に申しわけございませんでした。私どもの手違いかと存じます。いますぐテーブルをご用意させていただきますので、少々お待ちいただけますか？」


あとからわかったのですが、実は予約はしていませんでした。

向谷さんと奥様が、お互いにお互いが予約を入れたと思っていたというミス。

結果としては、100パーセント向谷さんのほうの過失だったのです。

しかし、自分たちのミスとして、丁寧な対応をしたこのお店は、その後、向谷さんという「上等な常連客」を獲得することができたというわけです。


さて、坂本龍馬の名言。

龍馬は、議論で相手を負かすことには、何の意味もないと言っています。

これ、たとえ相手のほうが100パーセント間違っていてもです。

相手の間違いを指摘して、言い負かしても、相手は考えを改めることはなく、ヘタに恨みを買うだけ。だったら、議論なんかしないで、相手に花を持たせておけばよい、というわけですね。

名言サプリ

19

オレたちは、
みんなドブのなかにいる。
でも、そこから星を眺めている
ヤツだっているんだ。

オスカー・ワイルド（アイルランドの詩人、作家）

オーディションに、2度やって来た男

「世界のキタノ」こと北野《きたの》武《たけし》監督が、アメリカで映画のオーディションをやったときの話です。

ギャング役のアメリカ人を募集したはずなのに、なぜか1人、カンフーの恰好《かっこう》をしてオーディション会場にやって来た男がいました。

不思議に思った北野監督が、男に「なんで、そんな恰好なんだよ?」と聞いてみると。

「いや、私はカンフーができます。だから、やくざ映画のなかでカンフーが……」

「カンフーは使わねぇよ!」

監督に言葉をさえぎられた彼。

「そうですか……」と、悲しい顔をして帰っていったそうです。

さて、その翌日。

その日は、「日系人で寿司屋の店員の役」を決めるオーディション。

集まったアメリカ人たちのなかに、北野監督は、前日、カンフースタイルでやって

きた男を見つけます。

なんと、その日の彼、今度は寿司屋の恰好をしているではありませんか。

監督が声をかけると、彼はこう言ったのです。

「私、実は寿司屋をやってまして……」

「オマエ、昨日も来てただろ！」

ひと目で監督にバレて、男は悲しげにこう言ったのだとか。

「ハ、ハイ、やっぱりわかりました？」


北野監督は、この男に代表される、アメリカ人の「のし上がりたい」というハングリーな精神に感心しています。

映画の撮影中も、セリフのないアメリカ人エキストラがアドリブで気の利いたセリフを言うことがあり、そのたびにプロデューサーが飛んできて、「今のセリフを使うのか？」と聞いてきたそうです。

何でも、セリフが1つ使われるだけで、エキストラではなく役者扱いになってギャラが数倍に跳ね上がるのだとか。

だからエキストラは、どうにかしてセリフを使ってもらおうと、必死になってアドリブをしゃべるのですね。

「(アメリカは) 映画の仕事を1つ取って来たら半年間は食っていけるっていうようなところだからね。(中略) だからそういう**必死さがあるよね**」と北野監督。

私の知り合いのある商社マンは、就職活動のとき、超氷河期だったそうです。少しでも企業にアピールしたいと考えた彼が取った戦略は、お礼の手紙作戦。訪問をした企業の採用担当者あてに、「先日は貴重なお時間をとっていただきありがとうございました」という一文ではじまる手書きのお礼状を郵送したのです。

そんなことをする学生はめったにいませんから、「あれは効いた」と彼。採用担当者も、手紙の狙いは見え見えだったはず。それでも、そこまでアピールしてくる、彼の貪欲さと如才《じょさい》なさを評価して採用をしたのではないでしょうか。

たけし映画のオーディションに2度来た男も、お礼状を書いて採用を勝ち取った彼も、**たとえドブのなかにいても、星をつかみにいこうとしている人**ですね。

名言サプリ

20

仕事に恋すればいいのだ。

三木谷浩史《みきたにひろし》（実業家）

練習が好きな理由

ピッチャーとバッターの両立という、日本のプロ野球史上、誰も成功していない領域にトライしている大谷《おおたに》翔平《しょうへい》選手。メジャーに行った今もその夢は継続中です。普通の選手は、どちらかに専念してもなかなかうまくいかないというのに、ピッチャーとバッターの両方の練習をこなすだけでもたいへんなはず。

その練習量の多さについて、「なぜ、そんなにストイックに練習するのか？」と聞かれた大谷選手はこう回答しています。

「ストイックというのは、練習が好きではないというか、仕方なく自分に課しているイメージ。そうではなくて、僕は単純に練習が好きなんです」

大谷選手が練習好きになったきっかけは、高校の野球部にスピードガンがあったこと。１４０キロとか１５０キロとか、自分の投げる球の速さがわかるようになって、その速度がどんどん上がるのが、たまらなく嬉しくて、どんどん練習好きになったのだそうです。

クリスマスに練習をしていて、「あっ、これいいかもしれない」というヒラメキがあり、**「クリスマスだからって、練習を休まなくてよかった」**と思ったこともあったとか。

いや～。楽しんでいますね、練習！

詩人の相田《あいだ》みつをさんは**「毎日少しずつ　それがなかなかできねんだなあ」**と言っています。それはそのとおり。しかし、**そのことが「好き」なら話は別。**

名言の主、三木谷浩史さんは言わずと知れた楽天株式会社の創業者。

三木谷さんは、仕事を楽しむ考え方として、こんなことを言っているのです。

「仕事に恋すればいいのだ。恋人と違って、仕事は自分の努力で変えることができる。本人がどう取り組むかによって、理想の恋人になることもあれば、顔もみたくない天敵になることもある。それが仕事というものの不思議さだ」

三木谷さんのおっしゃるとおり、「仕事に恋して」しまえば、どんなことも楽しくなってきます。

「日本一の星空」を観光の目玉にして、集客に成功した長野県の阿智《あち》村の物語を小説形式で紹介したビジネス書、『そうだ、星を売ろう』（永井《ながい》孝尚《たかひさ》著／KADOKAWA）のなかに、10年間、ただの1日も休むことなく朝市に佃煮《つくだに》を売りに来るおばあちゃんが登場します。

このおばあちゃんは実際の人で、著者の永井さんによれば、このおばあちゃん**「佃煮を試食したお客さんが美味しいと言ってくれて、喜んで買ってくれるのが嬉しくて仕方ない。気がついたら10年間、毎日売りに来ていた」**と語っていたとか。

孔子《こうし》は『論語《ろんご》』のなかで、**「これを知る者はこれを好む者に如《し》かず。これを好む者はこれを楽しむ者に如しかず（＝物ごとを知っている人は、それを好きな人にはかなわない。それを好きな人も、それを楽しんでいる人にはかなわない）」**と言っています。

大谷選手も、佃煮売りのおばあちゃんも、練習や仕事という、**「本来はツライこと」を楽しんでいるからツラくない**のですね。

名言サプリ

21

つまるところ、「小利口」が一番よくない。

堀江貴文《ほりえたかふみ》（実業家）

絶対に出世したかった男

中国の昔話にこんな話があります。

あるところに、「どうしても出世したい」と考えている男がおりました。

彼は、皇帝が、すぐれた文官《ぶんかん》（行政や外交などの仕事をする、現在でいうところの事務職）を望んでいることを知ると、文官の採用試験に合格するための勉強に明け暮れます。

そうして、何年にもわたって、日々、勉強を続けて努力するうち、ようやく試験に合格するだけの実力を身につけることができました。

これなら大丈夫と思い、そろそろ試験を受けようと考えていたとき、一大事が。

突然、皇帝が亡くなってしまったのです！

しかも、新しく即位した皇帝は、文官よりも武官《ぶかん》（軍人）を重んじる人物。

出世の条件が、１８０度変わってしまいました。

彼にとってはまさに青天《せいてん》の霹靂《へきれき》。

しかし、男はへこたれません。

新しい皇帝に気に入られる人物になって出世をするために、今度は死に物狂いで武術を学びはじめます。

厳しい鍛錬を何年も続けて、武術を習得し、「これなら皇帝に認めてもらえるに違いない」という実力を身につけた彼。

いよいよ！　と思った矢先。

なんと、今度は、その皇帝が亡くなってしまったではありませんか！

とことんツイていません。

しかし、男はそれでもめげません。

「いったい今度の皇帝は、文人と武人のどっちを尊重するのか？」

男はもう、自分なら、どっちの方針になっても大丈夫だと思って安心していました。

ところが……。

新皇帝は、こんな方針を打ち出したのです。

「私は、若い人を重んじる」

この言葉を聞いた男は、がく然としました。なぜって、「出世をするための用意」を続けるうち、彼はすっかり年を取ってしまっていたのですから。

結局、男は「出世の夢」を果たすことはできなかったということです。

この男、堀江さんが言う、「小利口」だったのですね。

準備のために努力すること自体はよいことです。その努力は確実に自分の実力になります。しかし、**周りの情勢ばかりを気にして、「自分」を見失った「小利口」な努力は、結局、周りに振り回されただけ**という結果になりかねません。

たとえば、いくらＩＴ企業が伸びているからといって、自分には合わないＩＴ企業に就職することが本当に良いのか？

それでは、皇帝の方針に振り回されたこの男と同じになってしまいます。

いつまでも準備だけに時間を費やすのも「小利口」が犯しがちな失敗です。

堀江さんは、「『ボクは起業してうまく行きますか？』と聞いてくるような人間は相手にしない。**『まずやってみる』という『ノリ』が大切**」と言っています。

名言サプリ

22

「もうダメ」ではなく、
「まだダメ」なのだ。

野村克也《のむらかつや》（元プロ野球監督）

「量」が「質」に変わる瞬間

経営コンサルタントの本田直之《ほんだなおゆき》氏は、**「練習を積んでいる人は、『量が質に変わる瞬間』を経験しているので、ますますトレーニングという自己投資に時間を使うようになる」**と言っています。

どんなジャンルでもそうですが、毎日、努力を積み重ねていると、少しずつであっても日々、確実に成長します。

野村元監督が言うように、「もうダメ」とあきらめずに、「まだダメ」と思って努力を続けることで、ある日突然、「実力をつけている自分」に気がつくのです。

「練習の繰り返し」という「量」をこなしていると、いつの間にか、それが積み重なって「質」に変わる瞬間が訪れるのですね。

たとえば……。

私は中学2年生のときにテレビで、『クイズ実力日本一決定戦』を観て、難問にことごとく正解するクイズ王にあこがれ、クイズをはじめました。

突然ですが、あなたは、クイズに強くなる方法をご存じでしょうか？

えっ？「知りたくもない」ですって。まあまあ、そうおっしゃらずに。

クイズ王にあこがれた私は、当時、テレビで放送していたクイズ番組を全部観て、わからなかった問題をメモ。書店でクイズの本を買ってきて、繰り返し読むようになりました（以前は、一般視聴者参加型のクイズ番組がたくさん放送されていたし、その番組の本が書店でたくさん売られていたのです）。

そして、大学生になると同時に、クイズ番組に出演。

その後、いくつかのクイズ番組で優勝し、就職した年に、かつてのスペシャル番組、『アメリカ横断ウルトラクイズ』で準優勝をし、この頃から、「どうやったらクイズに強くなれるのですか？」という質問を受けるようになりました。

その質問を受けると、私はいつも、同じ回答をしていました。

なぜなら、クイズに強くなる方法って、たった1つなんです。

クイズに強くなるためのたった1つの方法。

それは……。

1問1問、覚えていくこと！

推理クイズではありませんから、知らないことには、答えようがありません。

知識クイズに答えるためには、1問1問、覚える以外に道はないのです。

まさに「積み重ね」そのもの。1問1問の積み重ねが、ある日、質に変わる。


以前はクイズでしたが、最近は、「どうやったら本を出せますか？」と聞かれることが増えてきました。

そう聞かれたときの回答は、「まずはブログなどで『他人に読んでもらえる文章』を書き続けてください」です。

これもやはり「積み重ね」ですね。

しばらく続けてから、最初の頃の自分の文章を読むと、あまりのヘタさ加減に驚くはずです。（少なくとも、私はそうでした）

最初の頃のヘタクソな文章を読み返すことで、自分の文章の「質」がいつの間にか高くなっていることがわかり、「積み重ねの力」を実感できると思います。

名言サプリ

23

学校で教わるのは教育ではなく、

教育の手段である。

ラルフ・ワルド・エマーソン

（アメリカの哲学者・思想家・詩人）

和田アキ子の「あ」

「勉強」って、無理やりやらされるとぜんぜん面白くないのに、自分からやるとすごく楽しいもの。

子どもの頃は勉強嫌いだった人が、大人になってから本を読み漁ったり、お金を使ってセミナーに通いつめたりすることがよくあるのは、**勉強が楽しい**からです。

以前に、電車のなかでちょっと胸が痛くなる光景を見たことがあります。

40歳くらい中年男と小学校の1～2年生くらいの女の子が席に座って、何やら算数のドリルのような冊子を2人で見ています。最初は親子なのかなと思ったのですが、どうも会話を聞いていると、塾の先生とその生徒らしい。

先生らしき男のほうが「だからここで、10の位の掛け算を先にして、あとから1の位を足すんだって！」と一方的にしゃべっていて、どうやら2ケタの掛け算を簡単に解くコツを伝えようとしているようなのです。

でも、女の子のほうは、先生のキツイ口調にすっかり委《い》縮《しゅく》して、頭のなかが真っ白になっているようでした。

こういう「大人げない、おバカ先生」に、幼い頃に算数を教えられたら、一生算数が嫌いになってしまうだろうな……と思ってしまいます。


お次は、逆に、病院の待合室で見た、母親と4歳くらいの男の子の実にさわやかだった光景の話。

男の子はとにかく好奇心旺盛で、何を見ても母親に質問しています。

動物の絵本を見ながら「これ何?」と男の子。

「それはキリンさん、首が長いねぇ。高いところの草を食べるの」と母親。

「これ何?」

「チーターさん、とっても足が速いのよ」

「これ何?」

「アライグマさん。ちゃんと食べ物を洗ってから食べるの。エライねぇ」

どうも、子どものほうは、すでに知っている動物についても、母親とのコミュニケーションが楽しくて「これ何?」と聞いているようなのです。

たぶん、このお母さん、この子から何度も同じ質問を受けているはず。

それなのに、ちゃんと優しく回答しているのです。

こういう育てられ方をした子は**勉強が好きになる**に違いありません。


大人になってから「学ぶ楽しさ」を知った有名人に和田アキ子さんがいます。

勉強なんてまったくしなかった「ミナミのアッコ」と恐れられた17歳の不良がそのまま歌手になってしまった彼女。デビューしたての頃、周りの大人たちと話していて、自分の「ものの知らなさ加減」が大きなコンプレックスだったそうです。

そんなとき、アッコさんが思い出したのは、「辞書には、おまえが知らなかったことの答えがみんな書いてあるねんで」という、小学校時代の担任の先生の言葉。

「よし、辞書を読もう！」と決心したアッコさん。お金がないので、所属するホリプロの事務所にあった国語辞典を1冊ガメて……ではなく、黙ってお借りして、アキ子の「あ」から、毎日、2ページずつ読んで言葉を覚えていったのだそうです。

そうしたら、もう、学ぶことが面白くてたまらなったのだとか。

なんだか**「勉強の原点」**を感じさせてくれる話です。

名言サプリ

24

すべての芸術家は何よりも先に
まず喜びを与える人である。
他人を楽しませることが好きな人は、
やはり同じように自分自身の
喜びと満足を得ているのである。

ウォルト・ディズニー（アメリカの漫画家・映画製作者）

真珠王の足芸

「遊園地を作りたい」。

ディズニーがそう言い出したとき、奥さんはこう言って反対しました。

「なぜ遊園地なんて作るの？　遊園地なんて、散らかっていて汚いだけじゃない」

その言葉を聞いたディズニーは、ニヤリとしてこう言ったといいます。

「そこがポイントなんだ。僕が作る遊園地はそうならないんだよ」

商売の基本は、お客を喜ばせることに尽きる。

この原則を知るディズニーは、清潔で、子どもも大人も楽しむことができる「夢の国」を作ることで成功をおさめたのですね。

さて、これからお話をするのは、明治天皇に対して、「私は、世界中の女性の首をしめてご覧に入れます」と大見得をきった男の若き日のエピソードです。

男の名は御木本幸吉《みきもとこうきち》。

アコヤ貝による丸い真珠の養殖に成功し、「真珠王」と呼ばれた人物。

もちろん、「首をしめる」とは、「真珠のネックレスを首につけてもらう」という意味ですね。

1875年（明治8年）、幸吉さんがまだ17歳のときのお話です。

その頃の幸吉さんは、実家のうどん製造業を手伝いながら、青物の行商などを行なっていました。

そんなある日のこと。

彼が住む三重県鳥羽の港にイギリスの測量船、シルバー号が停泊します。

地元の商人《あきんど》たちは、「千載一遇の商いのチャンス！」とばかりに、小舟に商品を山ほど積んでシルバー号に近づきます。

小舟からデッキの船員たちに向かって、「買ってください！」と訴えますが、もちろん、彼らは見向きもしません。

このたくさんの小舟のなかには、幸吉さんが青物や卵を積んだ舟の姿もありました。ここで、船員たちの目を引こうと考えた幸吉さん、とんでもない行動に出たのです。

なんと、自分の舟の上であお向けになると、手持ちの蛇の目傘をクルクルと足で回したのです。

驚いたのは船員たち。

それはそうです。

目の前の舟の上で、突然の曲芸の披露ですから。

退屈だった船員たちはヤンヤの喝采をおくります。

この曲芸が船長の目にとまり、甲板に上がることを許された幸吉さんは、ここでも、桶《おけ》など、いろいろなものを足でクルクルと回して見せたのです。

これがおおいにウケて、幸吉さんは持っていた商品を全部買ってもらった上に、「今後、自由にシルバー号へ出入りしてよい」との許可をいただいたのだそうです。

他の商人たちが、単に「商品を買ってください」と「自分の利益だけを考えていた」のに対して、**幸吉さんだけは、お客さんの目を引き、まず楽しませた。**

人を楽しませ、満足させることは、いつの世も成功の極意なのです。

名言サプリ

25

エラクナッチャイケナイ
ミットモナイ

やなせたかし（絵本作家）

巨匠になんて、ならなくても……

先生と　呼ばれるほどの　馬鹿でなし

詠《よ》み人知らずの古い川柳《せんりゅう》です。

周りから「先生」と呼ばれてイイ気になっている人を皮肉ったものですね。

「先生と言われるほどの馬鹿でなし」ということわざにもなっていて、辞書には、〈「先生という敬称が必ずしも敬意を伴うものではないことから」先生と言われて気分をよくするほど、馬鹿ではない。また、そう呼ばれていい気になっている者をあざけって言う言葉〉とあります。

こんな私でさえ、本を出すようになってから、初めてお会いする編集者の方から「西沢先生」と呼ばれることがあります。

そう呼ばれるたびに頭に浮かんでくるのが、この古川柳。

そして、「ここでイイ気になってはいけない」と自分を戒めるのです。

相手が「先生」と呼んできたとき、私はいつもこう言うことにしています。

「あっ、先生でなくて、さん付けで呼んでください。先生って呼ばれると、わきの下がかゆくなりますから」

こう伝えると、たいがいの編集者さんは笑って、「では、お言葉に甘えて西沢さんと呼ばせていただきます」と言ってくれます。(なかにはすぐに「先生」に戻ってしまう、やけにマジメな方もいますが……)

『アンパンマン』の作者として知られる絵本作家、やなせたかしさんのこの言葉「エラクナッチャイケナイ　ミットモナイ」は、全編がカタカナ表記で書かれた自作の詩の最後の一節です。

やなせさんは、この言葉について、次のように言っています。

〈ぼくは絵本の仕事をしている。幼児にはいっさいの権威も名声も関係がない。自分の好きな絵本をえらぶ、それならば、その作者にも権威も名声も不要ということになる。巨匠なんかになる必要はない。凡人のぼくは時々少し慢心して得意になったり、いばったりしそうになる。そんな時、ぼくはつぶやく。エラクナッチャイケナイミットモナイ〉(『心に響く100の言葉』PHP研究所)

やなせさんが言う「偉くなるのがみっともない」とは、なにも会社で肩書が付くことや組織でリーダーになることを悪く言っているのではありません。

肩書が付いたり、リーダーになったりしたとき、**自分がエラくなったと勘違いして「偉そうな態度をとること」**や**「先生と呼ばれて当然。呼ばないヤツは失礼」**などと**考えることがみっともない**と言っているのです。

肩書だけで持ち上げられて、イイ気になってしまった人は、いざ、その肩書を失ったときに、自分に何もないことに気づかされます。

やなせさんは、いっさいの権威にダマされない幼児を相手にしていたおかげで、まやかしの「偉さ」に惑わされずに済んだのですね。

名言サプリ
26

大工と話すときは、
大工の言葉を使え。

ソクラテス（古代ギリシアの哲学者）

田中角栄《たなかかくえい》、伝説の就任スピーチ

ソクラテスのこの言葉。

要は「ちゃんと相手に伝わる言葉を選んで話なさい」という意味でしょう。

私は執筆のとき、おカタい学者さんが書きがちな「チンプンカンプンな文章」にならないよう、できるだけムズカシイ言葉を使わないことを意識しています（学者さん失礼！）。まあ、ムズカシイ言葉を知らないということもありますが……。

福沢諭吉《ふくざわゆきち》は、自分が書いた文章を、まず身の周りの学校教育を受けていない人たちに読んでもらい、「意味がわかるかどうか？」を確認してから本にしたそうです。『学問のすゝめ』が大ベストセラーになったのは、誰でもわかる平易な言葉で書かれていたからなのですね。

石原慎太郎氏が本の題材にするなど、再評価されている政治家、田中角栄は、政治家がよく使う「前向きに」「善処したい」など、あいまいな表現を嫌い、選挙でも、田んぼで働く農家の人たちの誰もがわかる言葉で演説をしました。

角栄さんはこう言っています。

「本当の雄弁は相手の心をとらえる。聞く人が『今日は良かったな』と思う話をする。それが本当の雄弁というものだ」

なるほど「善処したい」などと言っていては、たしかに相手に何も伝わりません。

角栄さんの説得力は圧倒的で、とにかく言葉に力があった。

議員たちの間では、**「田中角栄と（直接に）会ってはいけない。（話をしても）説得するのは不可能で、逆に取りこまれてしまう」**とまで言われていたそうです。

さて。

そんな角栄さんが1962年に大蔵大臣（＝現在の財務大臣）に就任したとき、日本の超エリートといえる大蔵官僚を前にして行なった演説は、「伝説のスピーチ」と呼ばれています。

何しろ小学校の高等科しか出ていない男が自分たちのトップに立ったわけで、官僚のなかには角栄さんを内心で小馬鹿にしている者もいました。

しかし、角栄さんの就任スピーチはそんな思いを吹き飛ばすものだったのです。

角栄さんのスピーチは、おおよそ以下のようなものでした。

「私が田中角栄だ。尋常小学校高等科卒業である。
諸君は日本中の秀才であり、財政金融の専門家ぞろいだ。
私は素人だが、トゲの多い門松をたくさんくぐってきて、
いささか仕事のコツを知っている。
これから一緒に国家のために仕事をしていくことになるが、
お互いが信頼し合うことが大切である。
思い切り仕事をしてくれ。
しかし、すべての責任はこのワシが負う。
以上！」

こんな就任スピーチをされたら、私なら「この人に一生ついて行こう」と思ってしまいます。

「言葉」は聞いている相手に伝わって初めて意味を持つということをお忘れなく。

名言サプリ

27

君はピラミッドのある世界とピラミッドのない世界と、どちらが好きかね？

カプローニ（宮崎《みやざき》駿《はやお》監督の映画『風立ちぬ』の登場人物）

「生きる」とは、〇〇するということ

この名言は、宮崎駿監督の映画『風立ちぬ』（2013年）に登場します。

主人公の飛行機技師、二郎の夢のなかに登場するイタリア人飛行機技師カプローニが、二郎に問いかけた言葉です。

時代は戦争の真っ最中。カプローニは言います。

「君はピラミッドのある世界とピラミッドのない世界と、どちらが好きかね？
空を飛びたいという人類の夢は呪われた夢でもある。
飛行機は殺戮《さつりく》と破壊の道具になる宿命を背負っているのだ。
それでも私はピラミッドのある世界を選んだ。
君はどちらを選ぶね？」

ピラミッドは「人間が作り上げた最大の建造物」と言われます。

その創造は、偉大な事業であると同時に、砂漠という「神が作りし世界」をかき乱し、冒瀆《ぼうとく》する行為でもある。

そして、二郎が生きた時代に、飛行機を作るということもまた、平和を破壊する存在を作ることに他ならない……。

カプローニの問いは、「おまえは、それでも『創造する』という道を選ぶのか？その覚悟はあるのか？」という、「創造することの魅力に取りつかれた人間」への究極の質問なのです。

黒澤明《くろさわあきら》監督の映画に、そのものズバリ、『生きる』（1952年）というタイトルの作品があります。志村喬《しむらたかし》が演じる主人公は市役所に勤めるさえない課長。真面目なだけがとりえで、毎日、書類にハンコを押すのだけが仕事のような人間です。

ところが、ある日、自分が病《やまい》で余命いくばくもないことを知り、彼は初めて「生きよう」とします。

柄にもなく遊び歩き、老いらくの恋（？）にも走ってみる。

しかし、すべては虚しいだけでした。

その彼が、映画の中盤で見つける「生きがい」。

それが、まさに「創造すること」だったのです。

「生きる」とは、創造すること。

これは、『生きる』を監督した黒澤明の死生観そのものです。

この映画は、「生きる」という永遠のテーマに対して、「それは創造することに他ならない」という明確な答えを出しているからこそ、永遠に強く、美しい。

宮崎駿も同じです。彼もまた、自分の長編映画の引退作品（にするつもりだった映画）のなかで、「創造者としての自分の生き方」に明確な答えを出しているのです。

カプローニによって投げかけられた、「私はピラミッドのある世界を選んだ。君はどちらを選ぶね？」という質問に対する、二郎の回答は次のようなものでした。

「僕は美しい飛行機を作りたいと思っています」

あなたはピラミッドのある世界とない世界、どちらが好きですか？

名言サプリ

28

自分の頭で考えるのは
勇気のいること。

ココ・シャネル（フランスのファッションデザイナー）

ケンブリッジ大学の採点法

映画『いまを生きる』（1989年　ピーター・ウィアー監督）のなかに、ロビン・ウィリアムズが演じる全寮制学院の新任英語教師キーティングが、教科書のページを破り捨てるように学生たちに言い放つシーンがあります。

それは、ある詩について、有名な博士が評論をしているページ。

キーティングはそのページを破り捨てるように生徒たちに指示しながらこう言うのです。

「こんなものクソくらえだ。みんな、自分の力で考えるんだ。自分で詩を味わうんだ！」

キーティング先生は、他のシーンではこんなことも言っています。

「本を読むときは、作者の意図よりも、自分の考えを大切にするんだ」

彼は、学生たちに、生きていく上で、**「自分で考えること」の大切さ**を訴え続けるのですね。

話はガラリと変わって、吉田茂《よしだしげる》首相の懐刀《ふところがたな》として日本の戦後処理にあたり、GHQから「従順ならざる唯一の日本人」と呼ばれた白洲次郎《しらすじろう》のエピソードです。

次郎が占領軍から一目を置かれた理由の1つは、彼がイギリスでの留学経験を持ち、完璧なイギリス英語をしゃべることができたからなのだそうです。

アメリカ軍のお偉いさんが皮肉を込めて「あなたは本当に英語がお上手ですな」と言ってきたとき、すかさず「あなたも勉強すれば、もう少し立派な英語を話せるようになりますよ」と言い返したというのですからカッコイイ。

これは、そんな白洲次郎がケンブリッジ大学で学んでいた頃の話。

あるときのこと。次郎は物理学のテストで非常に低い点を取りました。

解答内容は悪くないはずなのに、なぜか低い点。

首をひねりながら答案用紙をよく見ると、そこにはテストの採点をした教授からの次のようなメッセージが書かれていたのです。

「君の答案には、君自身の考えが1つも書かれていない」

さすがケンブリッジ大学。

教科書を丸暗記すれば書けるような解答は評価されなかったのです。

これを読んで「なるほど」と納得した次郎。

次のテストでは、自分の意見を書いて、高い点をもらったといいます。


さて、ココ・シャネルの名言です。

彼女の言うとおり、「自分で考えること」には勇気が要ります。

そして、その意見を堂々と主張することには、さらに勇気が必要。

「検索」という行為によって、どんな疑問に対しても、すぐに「答えのようなもの（決して「答え」ではありません）」を見つけられてしまう現代だからこそ、余計に、「自分で考えること」「自分で答えを見つけること」の価値は高まっています。


答えのない問題だらけの現実世界では、自分で考えなければ前に進めません。

名言サプリ

29

悠々として急げ。

開高《かいこう》健《たけし》（作家）

見た目は余裕

それほど仕事の量があるわけではなく、大した成果もあげていないのに、めったやたらと忙しそうにしている人。

あなたの周りにもいますよね、そういう人。口ぐせは「時間がない！」。

逆に、役割をいくつも持っていて、仕事を山ほど抱えているはずなのに、何となく、落ち着いてコーヒーをゆったりと飲んでいるようなイメージの人。

そういう人も、あなたの周りにいることと思います。

もちろん、「作業レベル」の仕事なら、仕事の量が増えれば増えるほど「忙しさ」の度合いも比例して増えるでしょう。

でも、不思議なもので、判断を必要とする**クリエイティブな仕事の場合、「こなしている仕事の質」と「見た目の忙しさ」は反比例**しているように思うのです。

つまり、あまり大した仕事をしていない人のほうが忙しそうにしていて、質の高い仕事を多くこなしている人のほうが、余裕があるように見える。

この違いはどこから来るのでしょう。

たとえば、「忙しいが口ぐせの人」は、

・メールの返信など、小さな仕事を「今、忙しいから」と、次々に後回しにする。
・手を止めて悩んでいる時間が長い。
・あーでもないこーでもないと、皆でにらめっこをするような会議が大好き。
・「時間がない」という割には出社時間が遅い。
・残業して疲れて帰る。

と、時間の使い方がムダだらけ。

いっぽう、「見た目に余裕がある人」は、

・数分で終わる仕事は、受けた瞬間に着手してパッパッと片づけてしまう。
・悩む前に手を動かす。行き詰まったら、すぐに別の仕事に切り替える。
・長いミーティングが大嫌い。やるにしても終了時間を決めて終わらせる。
・早朝出勤し、始業時間までに2つ3つの仕事を終えている。
・定時には退社して、アフターファイブはリフレッシュにあてる。

など、時間をとても有効に使っているのです。

作家の開高健さんが口ぐせにしていた名言、「悠々として急げ」は、そんな、「周りから見ても美しい時間の使い方」を言った言葉でしょう。

もともとはこの言葉、ローマ皇帝アウグストゥスが好んだ警句の訳なのだそうですが、開高さんは、どんなときも「余裕があるように見せる」というダンディズムに惹《ひ》かれたのではないでしょうか。


ちなみに、私もかつては、納期ギリギリになってやっと着手……という「時間に追われるタイプ」でした。

それが**「前倒し命」**に変わったのは、社長秘書を経験してからのこと。

会社で、社長秘書と広報兼任だったときは、とにかく、次々に仕事が入ってくるので、「超前倒し」くらいの取り組みをして、やっと仕事が回せる状態でした。「前倒し体質」にならざるを得なかったのです。

おかげで、今も前倒しのクセが抜けず、本の原稿をいつも締め切りよりも前に書き終えて入稿するので、編集者の皆さんからはとても感謝されています。

名言サプリ

30

魚は努力して
泳いでいるわけではない。

ビートたけし（タレント・映画監督）

その商売の魚になれ

以前にテレビ番組で、たしかイタリアかどこかの片田舎にある、なかなか予約が取れないというレストランを、ビートたけしさんがアポなしで訪問するというシチュエーションの企画がありました。

オーナーシェフは気難しいことで知られていて、たけしさんも同行のタレントも、「日本のテレビ番組？　こっちは忙しいんだ、帰ってくれ！」と取材拒否をされるのではないかと、少しビクビクしながらレストランを訪ねたのですね。

ところが……。

いざ、店に行ってみると、オーナーシェフはたけしさんの顔を見た途端、喜々としてこう言ったのです。

「あんた、キタノ監督だろう！　驚いたな、オレはあんたの映画を全部観てる。大ファンなんだ！」

そうして、なんとシェフのほうからサインを求めてくるではありませんか。

これには同行タレントも、すっかり感動。

私など、番組を観ながら思わず「カッコイイ……」とつぶやいてしまいました。


さて。

そんなビートたけしさん、海外でよく「映画監督なのにタレントもやっていて、努力していますね」と声をかけられることがあるそうです。

このことについて、以前にたけしさんがテレビ番組のなかでこんなことを言っていました。


「魚は努力して泳いでいる訳ではない、俺も魚のように泳いでいるわけで努力はしてない。生き方なんだよ」

プールで泳ぐ人に対して「よく泳ぐねぇ」「うまいねぇ」と言う人はいても、水槽で泳ぐ魚に同じことを言う人はいません。魚にとって、「泳ぐこと」は努力でもなんでもなくて、「泳いでいないと死んでしまう」というだけのことなのですね。

「魚じゃなくて人間がプールで泳いでいるから努力しているように見えるだけなんだよね。だからオイラ、『**その商売の魚になれ**』って思うんだよね。プロとして当たり前にできるっていうことが、何にでも必要だと思うんだ」とたけしさん。

「魚になれ」って、別に魚の形の帽子をかぶって、「そうでギョざいます！」なんて言え、というわけではありません。「**自分の仕事」のプロとして、努力を努力と感じず、また、努力だと周りに感じさせないレベルになれ**、ということです。

ホームラン数世界一の王貞治《おうさだはる》さんは、合宿所の部屋で眠る前に必ずバットの素振りをしたそうです。同室の選手が「どうして寝る前にまで素振りを？」と聞くと、王さん、こう答えたといいます。

「バットを振らないと眠れないんだ！」

これなど、努力が「魚の泳ぎ」のレベルに達していたという実例のような気がします。

名言サプリ

31

人はそれぞれ事情をかかえ、
平然と生きている。

伊集院《いじゅういん》 静《しずか》（作家）

席を譲らない理由

電車のシルバーシートでの話。

車内に乗り込んできた、少し太ったおばちゃん。

あたりを見回しますが、あいにく席は空いていません。

仕方なく、このおばちゃん、シルバーシートに座っている若い女性の前に立ち、周りに聞こえるくらいの声で、独り言（？）を言います。

「まったく、最近の若い人たちは席も譲らないんだから……」

そもそも、おばちゃん、席を譲られるほどのお年寄りには見えないのですが、あからさまに目の前の若い女性にプレッシャーをかけたのですね。

おばちゃんの言葉が聞こえているのかいないのか、女性は席を立つ気配がありません。

ブスっとした顔で、女性を睨《にら》みつけるおばちゃん。

そうこうするうちに、電車はあっという間に次の駅に着き、その女性が立ち上がったのです。

足を引きずりながら。

そうです。その女性は足が不自由でシルバーシートに座っていたのです。

もしかしたら、おばちゃんが乗ってくる前に、誰かから席を譲られたのかもしれません。

女性はおばちゃんに視線を向けることなく、黙って電車を降りていきました。

彼女が降りた後、おばちゃんは気まずそうに空いた席に腰掛けたのでした。


これはまた別の話。

会社員のAさんは、温厚でマジメ。仕事もきっちりとこなしています。

ただ、「人付き合い」が極端に悪い。

同じ係の同僚から「急ぎの仕事なので残業して手伝って欲しい」と頼まれても、断固として断って、定時になると帰ってしまいます。

アフターファイブのお誘いがあっても参加することは一切なし。

そんなAさんは、同僚たちからはすっかり「付き合いの悪いヤツ」というレッテルを貼られていました。

しかし、Aさんが定時に帰るのには、理由があったのです。
実はAさん、毎日、会社の帰りに子どもを保育園に迎えに行き、また、家族の介護のために毎晩、夕食を作っていました。
周りに気をつかわれるのがイヤで、上司には「同僚には事情を説明しないで欲しい」と口止めをしていたのです。

夏目漱石は『吾輩は猫である』のなかで、こんなことを言っています。

「呑気と見える人々も、
心の底を叩《たた》いてみると、
どこか悲しい音がする」

人は皆、他人には言えない事情を抱えて、平然と生きているのです。
そのことがわかっていると、周りの人に少しだけ優しくなることができます。

名言サプリ

32

ユアハピネス イズ マイハピネス

小山薫堂《こやまくんどう》（放送作家・脚本家）

イタズラ感覚の「親切」

第81回アカデミー賞外国語映画賞を受賞した日本映画、『おくりびと』（2008年滝《たき》田《た》洋《よう》二《じ》郎《ろう》監督）の脚本家としてや、くまモンの仕掛人として知られる小山薫堂氏。脚本家、放送作家、ラジオパーソナリティ、そして、企画会社、株式会社オレンジ・アンド・パートナーズの代表取締役社長など、多くの顔を持つ薫堂さんはアイデアマンであり、イタズラ好き。

東京の港区麻布台にある薫堂さんのオフィスの1階受付では、以前、パン屋さんをやっていました（現在は閉店）。これは、「お金を生み出す受付を実現する」「オフィスの場所を説明しやすい」「近隣のオフィスの人たちに利用してもらえる」などから、薫堂さんが考えたアイデア。さらにこれ、ショップの奥にオフィスへの入口があり、初めて薫堂さんオフィスを訪ねた人へのサプライズにもなっていたのです。

「何をするにも、僕のベースには『誰かを喜ばせたい』という気持ちがあります」と薫堂さん。

そんな薫堂さんが、モットーの1つにしている言葉がこの**「ユアハピネス　イズ**

マイハピネス」（＝あなたの幸せが、私の幸せ）です。

「（この言葉は）僕が企画を発想するときの原点です。いつも、どうやって人を喜ばせようかと考えているんです」と薫堂さん。

別の項で、「他人を喜ばせること」は、「お金を儲けること」につながると言いましたが、それを実践しているのが薫堂さんの会社というわけですね。

薫堂さんの「他人を喜ばせる性格」がよく出ているエピソードを1つ紹介しましょう。まだ、オフィスの受付でパンを売っていた頃の話です。

仕事がら、タクシーを利用する機会が多い薫堂さん。

たとえば、自分のオフィスへタクシーで向かうときに、新人の運転手さんだったりして、道に迷ったとき。

座席の薫堂さんは「しめた！」と思うそうです。

なぜ、「しめた！」なのかというと、薫堂さんはこう考えるのだとか……。

「これは、優しくするチャンスだ！」

タクシーがやっとの思いでオフィスにたどり着くと、薫堂さんは待ってましたとばかりにこう言うのです。

「(道に迷って) たいへんでしたねぇ。僕の会社はあそこにあって、(受付で) 小さなパン屋さんをやっているので、余裕ができたときにぜひ食べに来てください」

そして、自分の名刺に『この券をお持ちいただいた方には、パンとコーヒーをプレゼントします』と書いて、無料チケット代わりに運転手さんへ手渡すのです。

「運転者さんは『あの人がお客でよかった』とか『今日はなんていい日だろう』なんて思ってくれるかもしれない。その運転者さんの何気ない1日が特別な1日になって、もしかしたら将来、『実は私がまだ新人だった頃にこんなことがありましてね』と、お客さんへの話のネタにしてくれるかもしれない」と薫堂さん。

薫堂さんのように、**「イタズラ感覚の親切」**を他人に仕掛けて、自分もハッピーな気持ちになる。

なかなか面白い「親切遊び」ではありませんか!

名言サプリ
33

ボクと60年間、
勘違いをしてみませんか?

伊《い》集《じゅう》院《いん》 光《ひかる》（タレント・ラジオパーソナリティ）

60年間の勘違い

以前に、テレビ番組のなかで、タレントの伊集院光さんがこんなことを言っていました。

「オレは、自分みたいなデブで不細工な男と結婚してくれたカミさんに、ものすごく感謝している。だから、絶対に浮気をすることはない」

思わず「ごちそうさま！」と言いたくなる「のろけ」ですね。

しかし、伊集院さんがこの奥様と結婚をするに至った経緯を知ると、この言葉に納得してしまいます。

伊集院さんと言えば、その雑学の強さを活かして、クイズ番組によく出演しており、トークの上手い知性派タレントというイメージだと思います。

トークが上手いのはもっともな話で、実は彼、タレントになる前は、6代目三遊亭《さんゆうてい》圓楽《えんらく》さん（当時は楽太郎）の弟子。「三遊亭楽大《らくだい》」という高座名を持つ、れっきとした落語家でした。

落語家でありながら、師匠たちにはナイショのまま、伊集院光の名前でラジオ番組に出演するうち、そっちのほうで人気が出てしまって問題になり、結局、落語家を「自主廃業」してタレントになったという経歴の持ち主なのです。

さて。

そんな伊集院さんが、のちの奥様、篠岡美佳《しのおかみか》さんとはじめて出会ったのは、テレビのバラエティー番組のなかでした。

伊集院さんは、アイドル歌手だった彼女を見て、ひと目惚れ。告白をしたものの、当時の彼女には彼氏がいて断られます。

それでも諦められなかった伊集院さん、「もしも、今の彼とダメになったら連絡をください」と言って身を引いたのでした。

彼と破局した美佳さんから伊集院さんに連絡が入ったのは、そんな会話をしてから2年後のこと。

このときを待っていた伊集院さんが言ったのが、この名言です。

伊集院さんは、こう言ったのです。

「恋愛なんてしょせん、勘違い。だったらボクと60年間、勘違いしてみませんか?」

なかなかイキなプロポーズの言葉です。

しかし、このプロポーズに対する美佳さんの返事は、もっとイキでした。

彼女はこう返答したのです。

「余裕を持って100年くらいお願いします」

こうして、兄弟がいなかった彼女のもとに伊集院さんが婿養子となり、おしどり夫婦が誕生したのでした。

「恋愛」だけでなく、私は**「人生は勘違いで成り立っている」**と思っています。

どうせ「勘違い」なら、**「前向きな勘違い」**をして、伊集院さんのように幸せをつかみたいものです。

第3章

あなたの悩みが小さくなる名言

あなたは今、悩んでいますか?

人によっては、「悩みがまったくないという状態は危ない。少しくらいは悩みがあるほうが厄落としになってうまくいく」なんて言います。

実は私もその意見に賛成で、今、抱えている悩みは、ほかのことがうまく回るための「お守り」のようなものだと考えています。

とは言え、抱えている悩みが大きすぎると他のことが手につかなくなってしまいますよね。

第3章は、「あなたの悩みが小さくなる名言」です。ぜひ、あなたの悩みを小さくするためのサプリにしてください。

名言サプリ
34

狂。

立川談志（落語家）

ときには、羽目を外すのも

「好きな漢字一文字を教えてください?」

そう聞かれたら、あなたは何という字を挙げるでしょう。

「愛」ですか?

「誠」ですか?

えっ?

「金」ですって? まあ、私も嫌いではありませんけど……。

旧来の落語界の常識を破り、独自に「立川流家元」を名乗るなど、落語の世界に爪あと……ではなく、足跡を残した落語家、立川談志。

そんな談志さんが、テレビのインタビューで「好きな漢字一文字は何ですか?」という質問を受けたときに挙げたのが、この「狂」という字です。

いや〜、ハチャメチャだった師匠を象徴するにふさわしい一文字ですね。

好きな漢字を一文字と聞かれて、この字を選ぶ人は、他にはなかなかいないでしょう。

さすが、せっかく政治家になったのに、酔って記者会見に出てしまい、記者から「公務とお酒とどっちが大切なんですか！」と詰め寄られて「酒に決まってんだろ！」と答えて議員の席を棒にふったツワモノですね。

談志師匠は、この言葉を選んだ理由として、こんなことを言っています。

「（誰だって）それぞれの世界で、自分の（心の）中にある押し込められたものをどっかで上手に発散していかなきゃいかん。常識というがんじがらめの世界から、たまには逃《のが》れなさい」

好きな漢字を聞かれたのに、若い人たちへの人生のメッセージを語り始めるところが、「実は優しかった」談志師匠らしいところ。

師匠は、この言葉に続けて、こう言って締めくくっています。

「（発散の方法は）なつメロでもケッコウです。酒が入れば、なおケッコウ」

このあたりは、少し照れ隠しで、自分の言葉を茶化していますね。

この追加のコメントのニュアンスから察するに、談志師匠のこの「狂」を、他の言葉で言えば「息抜きとしてハメを外す」でしょうか。

最近、悩んでストレスが溜まっているというあなた。

スポーツでも飲み会でもカラオケでも、方法は何でもイイので、やるときは、**「よし、今日はいっちょう狂うか！」**というようなノリで、思いっきり弾《はじ》けて、自分を解放して楽しんでみてください。

ちなみに、京セラの創業者である稲森和夫《いなもりかずお》氏は、「壁を打ち破る強烈なエネルギーに満ちた状態」のことを「狂」と表現して、**「事を成すには、狂であれ」**と言っています。

これは、談志師匠とは正反対の「狂」ですね。

名言サプリ

35

それも、いやです。

立川志らく（落語家）

師匠に逆らってみたら

立川談志師匠の名言に続いて、その弟子であり後継者。今や、テレビでも人気者の立川志らく師匠の若き日の言葉です。

志らくさんの師匠、談志さんが立ち上げた「立川流」は、文字通り、談志師匠が絶対的権力者（笑）として、すべてを決めていました。たとえば、弟子について、Aコース（落語家）、Bコース（芸能人などの有名人）、Cコース（一般人）という3つのコースを設けたり、そのそれぞれから「上納金」を取るなど、その内容は型破りなものばかり。

立川流のウラ話は、弟子の立川談春《だんしゅん》さんの著書、『赤めだか』（扶桑社）に詳しく描かれていています。そのなかでも書かれているように、若き日の談春さんは談志師匠から、修行のために魚がしへ行って働くように命じられます。

落語家になりたくて弟子入りしたのに、「魚がしへ行け」とはあまりにも理不尽。

しかし、談志師匠は**「修行とは、矛盾に耐えること」**と言っているお方。どんなに理不尽なことを言われても、逆らったりしたら破門になってしまいます。

結局、師匠の言いつけどおり1年間も魚がしへ行った談春さん。結果的には、この魚がしでの経験が談春さんを大きく成長させたのです。

さて、この絶対的君主、談志師匠から「魚がしへ行け！」と言い渡されて、それを断った命知らず（？）の弟子が1人だけいました。

それが、名言の主。立川志らく、その人。

師匠から、魚がし行きを命じられた志らくさん。

「自分は魚がしで働くために落語家になったのではないので、いやです」と拒絶。

「いやなら、クビだ」と言う談志師匠に対して志らくさんが言ったのがこの言葉。

「それも、いやです」でした。

まさかの「どっちもいやだ」宣言。

キッパリとそう言われた談志師匠は、一瞬考えたのち、**「両方いやならウチにいろ」**と言ったのだとか。

談春さんは、このときの志らくさんの言葉について、テレビのインタビューで次のようなことを言っています。

「いや、驚いたのなんの。**まさか、『両方いやだ』という選択肢があろうとは。**『いやだ』って言えば、魚がしへ行かなくて済んだとは……」

談春さんにとっては、まさに天地がひっくり返るくらい破天荒な出来事。

何しろ、入門したばかりの新入りが、あの談志師匠の言いつけを真っ向から否定し、あろうことか、それが認められてしまったのですから……。「オレの1年間の魚がし修行は何だったんだーっ」って、叫びたい気分だったでしょう。

相手から2つの選択肢を提示されて、そのどっちもイヤなとき。両方とも拒絶するという手があることを忘れないでください。

ただし、そのためには「第3の選択肢」で相手を納得させることが必要。

談春さんも、その後の志らくさんについて、こう言っています。

「先輩全員を敵に回したわけで、その後の志らくは、落語については、まあぁ～頑張りましたね。そうして実力で周りを黙らせてしまったわけです。悔しいから本に書きませんでしたけどね。わっはっは」

名言サプリ
36

脱げるが勝ち

高田純次《たかだじゅんじ》（タレント・俳優）

さらけ出せる人

「モーニング娘。」の生みの親、つんく♂さんは、その著書のなかでこんなことを言っています。

「僕は、面接で『おでこ出して』って聞くんですよ。で、いわれてすぐできるかできないか、ひとつはそこで分かれます。要はすっぴんになれるかどうか。平気でおでこを出せたり、イーッて歯を出せるような子は、いわれたことを素直にできる。つまり、そこからどんどんきれいになれる子なんです」

この判断基準、なかなか面白い。

つんく♂さんは「素直さ」と表現していますが、私は**「自分をさらけ出せる人」には「強さ」がある**と思います。

自分をさらけ出せる人は、「自分に自信がある人」ですから。

それに、「あけっぴろげな人」は、「何を考えているのかわからない人」よりも信用できるので、周りの人から好かれる場合が多い。

タレントのように、万人に好かれる必要がある職業では、必要な要素。
つんく♂さんが面接の目安にしていたのも、うなずけます。

かつて、桂三枝《かつらさんし》（現・桂文枝《ぶんし》）、ビートたけし、笑福亭鶴瓶《つるべ》の3人の芸風について、立川談志師匠がこんなことを言っていたそうです。

「チ○コを出せ！」と言われたとき。
桂三枝は絶対に出さない。
ビートたけしは「出せ」と言われれば出す。
そして、笑福亭鶴瓶は……。
言われなくても出す！

鶴瓶さんの「さらけ出した芸風」を讃えた言葉です。このことについて鶴瓶さんは、「お墨付きをいただいたようで、嬉しかったですね」と語っています。

さて。

私がリスペクトしている、天下のテキトー男、高田純次さん。

彼の名言、**「脱げるが勝ち」**は、もちろん「逃げるが勝ち」のパロディーです。

高田さんの著書『高田純次のテキトー格言』(KADOKAWA)のなかでは、この格言に、タキシード姿の高田さんがお尻を丸出しにして、お尻の穴にバラの花を挿している写真が添えられています。

高田さん、もうすっかり芸能界の大ベテランなのに、相変わらず、さらけ出していらっしゃる！

ここまで自分をさらけ出していれば、もう人前でオナラもし放題、カッコつける必要がいっさい無くて、とてもラクなのではないでしょうか。

最後に、高田さんが街中を散歩する人気番組のなかで、カフェで食事中の美人女子大生3人に対して言った言葉。

「みんな美人だねぇ、おじさんが痔だって、知ってた？」

高田さん……あなたという人は……。

私は遠く及びません。リスペクトします。

名言サプリ
37

髪の毛が後退しているのではない。
私が前進しているのである。

孫《そん》 正義《まさよし》（実業家）

コンプレックスを笑え！

世の中には、2種類の人間がいます。

それは、「悲観主義の人」と「楽観主義の人」。

よく、コップに半分の水を見たときに、悲観主義者は「もう半分しかない」と思い、楽天主義者は「まだ半分もある」と思う、というたとえが使われますよね。

仕事の納期にたとえれば、悲観主義者は「明日が納期だ、もう間に合わない！」と考え、楽天主義者は「まだ24時間もある！　楽勝！」と考えるといったところでしょうか。


ソフトバンクグループの創始者である孫正義さんには、たくさんの名言がありますが、私はこの言葉がとりわけ好きです。

「髪の毛が後退しているのではない。私が前進しているのである」って、もはや、不条理ギャグの世界。もう、楽天主義の極みです。

そういえば、以前、髪の毛が後退して額《ひたい》がひろ～くなってしまったある社長さんがこんなことをおっしゃっていました。

「おでこが広い私みたいなハゲは、『まかしとけハゲ』といって、縁起がいいんだ」

この「まかしとけハゲ」は、「おおっ、まかしとけ！」って言って、自分のおでこをペシッと叩くイメージだそうで。

さらに、その社長さん、後頭部が薄くなったハゲのことは、「しまったハゲ」と呼んでいました。「しまった！」って言って自分の後頭部を叩くイメージなのでしょうね。

私がかつていた会社には、若いのにツルッパゲで、普段はカツラをつけて営業活動をしている先輩がいました。

この先輩の場合、カツラであることを周りに隠すどころか、夏の暑い日とかは平気でカツラを取っていたりしていて、まるで帽子感覚。

その先輩と一緒に飲みに行ったときなど、飲み屋の店員の女の子に、「じゃあ、これから変身するね」なんて言って、いきなりカツラを取って大ウケさせていたのですから、なかなかのツワモノです。

孫正義さんも、「まかしとけハゲ」の社長も、私のカツラーの先輩も、髪の毛が寂しいという自分のコンプレックスを笑い飛ばして、ネタにしているところがイイ。

自分がコンプレックスに思っていることって、ときとして、最高の持ちネタになります。

ほら、国民的番組、『笑点』を見てみてください。

前司会者はハゲの歌丸さん。現司会者はいい年でずっと独身だった昇太《しょうた》さん（とうとう結婚してしまいましたが）。おバカキャラの木久扇《きくおう》さん。恐妻家のたい平さん。腹黒で友だちなしの圓楽さん。不細工な小遊三《こゆうざ》さん、仕事がない好楽さん、親の七光りの三平さんと、全員がコンプレックスのネタを持っていて、お互いにイジリ倒して笑いをとっています。（視聴者に不快感を与えないところが名人芸です）

コンプレックスなんて、悩むだけ、時間のムダ。

ネタにして笑い飛ばすくらいで、ちょうどいいんです。

名言サプリ
38

我々が恐れなければならない唯一のもの。
それは、「**恐れ**」そのものである。

フランクリン・ルーズベルト（アメリカ第32代大統領）

バニラ王国のアイスクリーム

人間関係に関する本、『「私は私」で人間関係はうまくいく』(和田裕美《わだひろみ》著　KADOKAWA)のなかに出てくる寓話《ぐうわ》です。ダイジェストでお届けしましょう。

あるところに、バニラ王国という、アイスクリームを作って経済が成り立っている国がありました。品質が良くて美味しいアイスクリームなのでよく売れて、国民は潤っていたのです。

ところが、他国もどんどん美味しいアイスクリームを作るようになり、販売量が激減。困った王様は、大臣たちを集めて「危機を脱するためのアイデアはないか?」と尋ねました。

「使用している卵と牛乳をもっと安いものに変えましょう! そうすれば、もし売れなくても、損をする額を少なくすることができます」と大臣。

「なるほど、ではそうしよう。他にアイデアはないか?」と王様。

「アイスに使うカップももっと安い紙を使いましょう。売れなかった場合の損をさらに減らすことができます」と別の大臣。

「わかった。ではそうしよう。他にアイデアは?」と王様。

「他国で売れているアイスのマネをしましょう。隣国ではパッケージに女子高生を使ったアイスが売れています。あと、ゾウをデザインしたパッケージもウケていますね。それと、商品名には『9割』という言葉を入れると売れるというデータがあります」とさらに別の大臣。

「よし、ではそうしよう」と王様。


そんな会議を経て、バニラ王国は原料費と材料費を抑えて作った『もしも女子高生の見かけが9割ゾウだったなら夢がかなう』という名前のアイスクリームを発売しました。

しかし……。

お客からは相手にされず、まったく売れません。

がっかりする王様。

しかし、大臣たちは喜んで、王様へこう言ったのです。

「ほら、言った通り、売れなかった場合の損を抑えることができました！」

こうしてますます貧乏になったバニラ王国は、やがて他国に吸収されて無くなってしまったということです。

この話を紹介している和田裕美さんは、「これは寓話ですが、同じようなバカバカしいことは現実に起きています」と言っています。たとえば、弱気な編集者は「(本が）売れなかったら困るので、損のないようにしたい」と考えて、いつも消極的で、斬新《ざんしん》な企画に踏み切れない。そして、「よかった、やっぱり売れなかった。強気に出ていたらもっと損をしているところだった」と、おかしな安心をしている……と。

いつも「失敗するんじゃないか」と思ってしまう人は自ら失敗を引き寄せているし、逆に「大成功間違いなし！」と思っている人は成功を引き寄せるものです。

失敗を恐れて、ウダウダと悩んで、保険ばかりかけていると、いつの間にか、「バニラ王国」のようになってしまいますぞ。

名言サプリ
39

せっかく思い立ったのです。
思い立ったら決心して、
気が変わらないうちに
さっと実行に移しましょう。

トーベ・ヤンソン
（フィンランドの小説家・「ムーミン」シリーズの作者）

「すぐにやる」ということ

アメリカのラジオ番組。

子ども電話相談室で実際にあったという女性回答者の名回答。

子ども「うちのママは、毎日、毎日、

朝は早く起きなさい、

よく手を洗いなさい、

よく勉強しなさい、

テレビをいつまでも見ていてはいけません、

夜は早く寝なさい、

と、うるさくて仕方ありません。

ボクはどうしたらいいのでしょうか？」

回答者「朝は早く起きなさい、

よく手を洗いなさい、

よく勉強しなさい、
テレビをいつまでも見ていてはいけません、
夜は早く寝なさい、
以上、グッドバイ!」

この回答、簡単明瞭でリスナーの間で評判になったそうです。

やりたくないことについて、悩んだり文句を言ったりするヒマがあったら、「とっととやってラクになりなさい!」ですね。

そして、少しでもやる気になったら、トーベ・ヤンソンの名言のとおり、気が変わらないうちに、とっとと取りかかってしまうのが得策です。

もう1つ忘れてはいけないのは、尻込みしないこと。


知り合いの会社員の体験です。

その人、同じ係の人が退職して、上司から、「退職した彼が担当していた仕事を引き継いで欲しい」と打診を受けました。

今までそばで見ていて、とても難しそうな仕事だと思っていたので、「自分には無理です」と断ったものの、上司から「君しかいない。頼む」と言われて仕方なく承諾。ところが実際にやってみたら、それほど難しい仕事ではなかったのだとか。

彼はこう言っていました。

「難しい仕事じゃなくて、実は、難しそうに見える仕事でしかなかった」

そう。やってみると案外、そんなもの。尻込みは不要です。

私もかつて、ある朝、会社の上司から「社長秘書をやってくれ」と言われたときは、頭のなかにある社長秘書のイメージ（＝美人、メガネ、ハイヒール（笑））と自分とのあまりの差に「私でいいんでしょうか？」と聞き返したもの。

しかし、やってみたら、これが結構、勉強になって面白かったのです。

イタリアには、**「悪魔は絵に描かれているほど恐ろしくはない」**ということわざがあります。思い立ったら、尻込みせずに、さっさと、やりはじめてしまえば、たいがいのことは、たいしたことはないものです。

名言サプリ

40

徳《とく》は孤《こ》ならず、必ず隣《となり》あり。

孔子（中国の思想家）

定年後の年賀状

1993年公開の映画『僕らはみんな生きている』(滝田洋二郎監督)。アジアの架空の国、タルキスタンに出張した日本人技術者が、現地の軍事クーデターに巻き込まれるという悲喜劇映画です。

このなかで、真田広之《さなだひろゆき》さん演じる主人公が、自分の父親の思い出を語って、「日本のサラリーマンの悲哀」を反乱軍のリーダーに訴えかけるシーンがあります。

「オレのオヤジはなぁ、日立だよ! 毎年、年賀状が300通来てた。それが、定年退職したとたんに7通になったんだよ、7通だぞ、おいっ。(オヤジは)元旦に30分、郵便受けの前につっ立ってたよ。笑っちゃうよな、人生の293通分、捧げたんだよっ!」

「会社」という枠組みがなくなった途端にあっさりと消えて無くなってしまう薄っぺらな人間関係の儚さを、年賀状の数であらわした名セリフです。

この映画を劇場で観たとき、すでにサラリーマンだった私はこのセリフが胸に刺さりました。

会社でのつながりが消えるとともに、「待ってました」とばかりに、自分との関係を断って去っていく293人の人たち……。

年賀状293通分の人生。

それは悲しすぎるではありませんか。

自分は、そうはなりたくないと思いました。

以前にどこかで、**「その人の本当の価値は、困ったときに、何人の人が無償で助けてくれるかでわかる」**という言葉を聞いたことがあります。

『論語』に出てくる孔子の名言、**「徳は孤ならず、必ず隣あり」**は、まさにそういうことです。

意味は、「人徳がある人は孤立することがない、必ず、すぐそばに誰かがいるものだ」でしょうか。

「理解し、助けてくれる人が必ず現れる」と解釈されることもあるようです。

ひと言で言えば、**「人格者に仲間あり」**ですね。

ちなみに、横浜に本店を持つ書店、有隣堂《ゆうりんどう》は、この言葉が店名の由来です。


人気漫画『ONE PIECE（ワンピース）』の主人公、ルフィには次々と仲間が集まってきます。

それは、ルフィが（行動はメチャクチャですが）常に仲間のことを考える人格者だからです。仲間のためなら自分の命も顧みない「人徳」を持っているからこそ、「必ず隣あり」になるのですね。

同じく人気漫画、『キングダム』の主人公、信《しん》もそうです。天下の大将軍を目指す彼は、仲間のためなら命も惜しみません。そんな彼に心酔した仲間は、信が戦いで気絶したとき、命がけで信を守ります。もし、彼に「徳」がなければ、彼はそこで死んでいたのです。


徳は孤ならず。生きていく上で、常に覚えておきたい言葉です。

名言サプリ

41

どんなときでも、
手法は100万通りある。

福島正伸《ふくしままさのぶ》（コンサルタント）

2000円の弁当を3秒で「安い！」と思わせるには？

福島正伸さんのこの名言。

私にとっては、「社長秘書時代の心得」の1つにしていた言葉でした。困難な状況に陥ったとき、「どんなピンチでも、手は100万通りある」と思うと、不思議とラクになったものです。

公認会計士・税理士で作家の山田真哉《やまだしんや》さんに、『問題です。2000円の弁当を3秒で「安い！」と思わせなさい』（小学館）というタイトルの本があります。

書店でこのタイトルを見たとき、「これは『頭の体操』になるな」と考えた私。

さっそく、「2000円の弁当を3秒で、安いと思わせる方法」を妄想。

思いついたままに羅列すると……。

「材料費が2万円」「料理の鉄人が1つひとつ手作り」「1年間に10箱のみの超限定品」「仕込みに5年」「国産マツタケ20本入り」「弁当箱の大きさが50センチ四方」「弁

当箱が純金製」「豪華10段重ねのお重入り」「大谷翔平のサイン色紙入り」「NASAが開発」「幻の魚と幻の肉を幻の料理人が調理した」などなど…。言わば、「手法は100万通りある遊び」ですね。

こういう遊びは「常識の枠にとらわれずに、短い時間でたくさん答えを出す」のが肝心。

「そんなの儲からないじゃん」なんてカタいことは考えないほうがいい。

実現できるかどうかは、あとから検討すればいいのです。

さて。

この遊びを覚えていた私は、甥っ子のせいちゃん（この当時、小学4年生）と2人きりになったときに、時間つぶしの話題として、「じゃあ、クイズね、2000円のお弁当を『安い』と思わせる方法を考えなさい？　例　マツタケ20本入り」と出題してみました。

悩むかな～と思ったら、ものの数秒で答えを思いつくせいちゃん！

「黒毛和牛100グラム入り！」

マツタケの例に引っぱられたとは言え、即答はお見事！

続けて、せいちゃん、「キャビア1000グラム入り」「ハンバーグ35個入り」と、どんどん答えます。い、いかん、このままでは食べ物バージョンだけで無限に回答されてしまう……。「じゃあ、今度は材料以外の方法を考えてみて」と私。

今度は悩むかなと思ったら、また、あっという間に回答してくるせいちゃん。

「スポーツ選手のサインつき」「箱にダイヤモンドがついている」

うむむ、すぐに「おまけパターン」に気がつくとは。おぬしデキるな。

「じゃあ、何かおまけをつけるというパターン以外を考えてみて」と私。

今度こそ悩むかな、と思ったら、またも、ほぼ即答。

「おべんとうを売っている人が有名人」「抽選で商品券があたる」「はずれなしのクジつき」

こ、この子はもしや、ビル・ゲイツの生まれ変わり？　いや、ビルはまだ死んでないか……。せいちゃんが、小学4年生にして頭のカタい子でなくてよかった。

この「やわらか頭」を大人になっても、ぜひ、維持してもらいたいものです。

手法はいくらでもある……という一席でした。

間違いを犯すことは
一つの問題であるが、
それを認めないのは
もっと大きな問題である。

スティーブン・R・コヴィー
（アメリカの経営コンサルタント・『7つの習慣』の著者）

一番難しいこと

人間にとって一番難しいこと。

それは、**「自分の間違いを素直に認めて謝ること」**です。

あの大作曲家、ベートーベンも「自分の誤りを認めなければならないことほど、耐えがたいものはない」という言葉を残しています。


これからお話をするのは、私の友人で、本業の他に、「話し方教室」の講師をされ、雑談についての電子書籍も出している荒沢文秀さんの体験談です。

ある日の「話し方教室」。

教室の生徒であるTさん（生徒、と行っても荒沢さんよりもずっと年上の方）のスピーチに対して、講師である荒沢さんが講評をしました。

荒沢さんは、Tさんがスピーチのなかで使用した、ある故事成語について触れ、「あの故事成語の使い方は誤りです」と指摘をしたのです。

荒沢さんは中国史が好きで、その故事成語のもとになっている話もよく知っていましたので、自信を持って言った指摘です。

とは言え、なんとなく不安に思った荒沢さんは、後日、その故事成語について、あらためて調べてみました。

すると、現代の日本では、「もともとその故事成語の持つ意味とは少し違ったニュアンスで使用されるようになっている」ということがわかったのです。そう。

Tさんの使い方は誤りではなかったのです。

そう思った荒沢さん。

「うわっ、これは悪いことをしてしまった」

次の話し方教室のときにTさんに謝らなくしては……と、少し気が重い日々を過ごしたのでした。

さて。

次の「話し方教室」の日。

荒沢さんと目が合ったTさんは、いつもと変わらない様子で、こう声をかけてきたそうです。

「荒沢先生。こんばんは。雨、あがってよかったですね！」

この言葉を聞いた荒沢さんは、「ああ、自分はつくづく人に救われている」と心から、ほっとしたそうです。

そして、講義をはじめる前に、「今日は、Tさんと皆さんに謝らなければいけません。前回の教室で、私が使用方法を間違っていると指摘した故事成語は、Tさんの使い方で正しかったのです。すみません。私ももっと勉強します」と、素直に謝ったのでした。

「謝ることができて、気持ちがすっきりした」と荒沢さん。

自分の間違いを認めるのは「一番難しい」こと。

でも、ヘタな言い訳をせず、素直に謝ってしまうと、実はすがすがしいもの。

そして、あなたが素直に謝る姿を見た人たちは、あなたの「正直な態度」を高く評価するものなのです。

荒沢さんも、間違いを認めることで、自分の勉強にもなり、気持ちよく講師を続けることができたのですね。

名言サプリ
43

夢をかなえるのに
遅すぎるということはない。

ジム・モリス（元メジャーリーガー）

約束のメジャーリーグ

「いいか、おまえたち。決して、夢をあきらめるんじゃないぞ」

「そんなこと言ったってコーチ。コーチだってメジャーリーガーになる夢をあきらめたじゃないですか！」


かつて、メジャーリーグの2球団に所属しながらも、肩の故障によって、マイナーリーグ（日本でいう二軍）にあまんじたままチームから解雇されたピッチャー、ジム・モリス。

彼は、プロ野球界を退いてから、高校の教師となり、野球部のコーチをしていました。

冒頭の会話は、そんな彼と野球部の選手たちが交わした会話です。

イタイところをつかれたモリスさん、つい、こんなことを言ってしまいます。

「わかった。もし、おまえたちが地区大会で優勝したら、私はメジャー球団の入団

テストを受けて、もう1度、メジャーリーガーになるという夢を追いかけることにしよう」

当時、モリスさんは、野球をやめてからすでに10年以上の歳月が流れていて、メジャーリーグなんて「夢」どころか、「夢の夢のまた夢」、それはもう、「夢の3乗くらいの夢」でした。

モリスさん自身もそんなことは十分にわかっていて、たぶん、選手たちの士気を高めるために言った言葉だったのでしょう。

と、ところが……。

がぜん、ヤル気になった選手たち。

なんと、地区大会で優勝をしてしまったのです。

こうなったら、モリスさんのほうも引っ込みがつきません。

35歳にして、本当に、メジャー球団、タンパベイ・デビルレイズ（現タンパベイ・レイズ）の入団テストを受けたのです。

テストの結果は……。

合格！

本当に不思議なことですが、現役時代でも、140キロ台しか投げられなかったのに、10年ぶりにピッチングをしてみたら、155キロを超える速球が投げられるようになっていたのです。

1999年、テキサス・レンジャーズ戦でリリーフ投手としてメジャー初登板した彼は、最初のバッターを三振に打ち取り鮮烈なデビューを飾りました。

この奇跡的なデビューは「ザ・オールディスト・ルーキー」と称され、映画にもなりました（『オールド・ルーキー』2002年）。その後、モリスさんは、翌年に解雇されるまで、通算で21試合に登板を果たしたのです。

幸運の女神は、時折、気まぐれで、「ちょっとした奇跡」を人に与えてくれます。

でも、この奇跡を与えられるのは、「夢をあきらめず行動した人」だけなのです。

名言サプリ

44

既存の常識に
染まっていない純粋さ、
それが素人の強みです。

鈴木《すずき》敏文《としふみ》（経営者・セブン＆アイ・ホールディングス名誉顧問）

秋元康《あきもとやすし》流、アイドルの選考基準

「AKB48」や「NMB48」などのアイドルグループ。

そのメンバーになるためには、当然、厳しいオーディションが勝ち残らなければなりません。

いずれもキラ星のような応募者のなかから、いったい、どんな人がオーディションに受かるのでしょう?

共通点はあるのでしょうか?

仕掛人の秋元康さんによれば、選考は、スタッフによる書類選考、2次審査、そして最終審査の計3回。最終審査の選考には、秋元さん自身も参加するそうです。

最終審査にまで残れるのは、約50人程度。審査の内容は、カラオケによる歌と面接。カラオケは歌唱力の審査というより、声質やキャラクターを知るのが目的とのこと。

面接を行なうのは秋元さんをはじめ、スタッフやレコード会社の人たち10数名。彼らが「学校は楽しいですか？」とか「将来の夢は？」など、はっきり言ってありきたりな質問をして終了。

何か突飛な選考方法かと思ったら、実にノーマルな方法ではありませんか。

ただし……。

普通のアイドル選考オーディションと異なるのはその選考基準なのです。

普通のオーディションは、審査員たちが、それぞれに付けた点の「合計点が高い人」が合格になります。

しかし、秋元さんの選考基準は「あえて、その方法は取らない」のだとか。

「みんなが、そこそこにイイと思う子」よりも、**「ほとんどの審査員の評価が低くても、誰か1人が満点をつけているような子」**のほうを合格させるというのです。

その子に満点をつけた1人は、入社したてのスタッフでもいい。逆に秋元さんは自分の意見をゴリ押しするようなことはしないようにしているとのこと。

秋元さん曰《いわ》く。

「AKB48グループのメンバーが個性豊かで、いろいろなタイプがいるのは、この選考方法のおかげなんです」

「オーディションに合格するにはどうすればいいか？」という質問に対して、秋元さんはこう言っています。

「必勝法はありません。しかし、あえて言えば、自然体でいること。そして、**自分の魅力はこれなんだと決めつけないこと**」

たとえば、歌がうまい子が、ことさらそれを強調してくると、限界を感じてしまう。それより、磨けば光る**ダイヤモンドの原石**を見つけたいというのがその理由。

「AKB48」のオーディションに受かるのは、まだ、色に染まっていない真っ白なキャンバスのような子だったのです。

染まっていないからこそ、面白い！

鈴木名誉顧問の名言にあるとおり、「既存の常識に染まっていない純粋さ」こそが「素人の強み」なのですね。

「自分は何も知らないから」と卑屈になることはありません。何色にも染まっていない白紙には、白紙の強みがあるのです。

名言サプリ

45

大丈夫。
心配するな、なんとかなる。

一休宗純《いっきゅうそうじゅん》（室町時代の臨済宗の僧）

追いつめられたときの魔法の言葉

とんち話の主人公として後世に名を残す一休さんこと、一休宗純。

その一休さんは亡くなる直前に、弟子たちに対して「これから、もし、どうしても困ったことがあったらこれを開けなさい」と、1通の文《ふみ》を託したそうです。

一休さんが亡くなったあと、弟子たちが困り果てたとき、「今しかない」と思って開けた文に書かれていたのがこの名言です。

一休さんの言うとおり、**どんなピンチでも、何とかなると信じて、できることをやるしかありません**よね。

まさに、「人事を尽くして天命を待つ」です。

ある企業の公開イベントで、その推進リーダーになってしまった女性。

某ホテルの会場をおさえて集客を進めますが、なかなか思うように来場者が集まりません。めぼしい関係者に招待メールを送り、ネットでイベントページを立ち上げ、イベントのパンフレットをあちこちに配りますが、これが、なかなかどうして「保留」どまりで、「参加」にまで至る人が少ない。

開催日の2週間前だというのに、定員の半分も埋まらない状況。

同じ組織の仲間にも集客をお願いしているのですが、彼女から見ると、どうも本気で集客しているようには見えません。

不安とイライラはイベントの日が近づくにつれて大きくなり、眠れない日が続くようになりました。

悩んだ彼女は、いつも、よき相談相手になってくれる、元上司に相談をします。するど、元上司は、あっけなくこう言ったのです。


「うまく行くに決まっているから、何の心配も要らない」


この言葉を聞いた彼女。スーッと不安が溶けていくような気がして、「たしかに、やれることをやるしかない！」と開き直ったのです。

元上司の言葉は、予言のように的中しました。

イベントの1週間前になると、バタバタと参加の申し込みが入り、3日前までには、ほぼ満席に。そして、当日は座席数を増やすほどの盛況となったのです。

実は、この元上司。他部門に移ったとはいえ、元部下だった彼女がイベントの推進リーダーに抜擢されたのを知り、彼女のリーダーぶりをちゃんとウォッチしていたのです。そして、彼女が集客のための「種まき」をしっかりやっていること、さらに、彼女と同じ組織のメンバーも実はちゃんと集客に動いていることをつかんでいた。ですから、今までの自分の経験から、イベント直前に参加申し込みが集中すると予測していたというわけです。

一休さんの名言は、「何とかなるから何もしなくてよい」ということではなく、この女性社員の例のように、**「不安がるより、開き直ってできることに集中しなさい」**ということでしょう。

最後に、『ムーミン』に出てくるリトルミイの名言。

「何とかなる。それは、やることをちゃんとやってる人のセリフ」

厳しいなぁ、ミイ……。

名言サプリ

46

試みるのに
「早すぎる」ということはない。
話し合うのに
「遅すぎる」ということもない。

ジョン・F・ケネディ（アメリカの第35代大統領）

30年目の再会

ジョン・F・ケネディのこの名言が出たのは、1963年の国連総会でのこと。

当時のソ連に対して、『平和協力』の大切さを訴えかけたのです。

この言葉の後半部分、「話し合うのに『遅すぎる』ということもない」は、何も国家レベルの話ではなく、人と人との間にこそ言える言葉です。


最近はすっかり天然ボケのタレントとして定着し、バラエティー番組でお馴染みの顔になっている具志堅用高《ぐしけんようこう》さん。

今のキャラからは想像もできませんが、もとはWBA世界ライトフライ級の世界チャンピオンとして13回も防衛をした、めったやたらと強いプロボクサーでした。さて。実は具志堅さん、プロボクサー時代にある恩人に対して不義理をしてしまい、それをずっと気に病んでいました。

恩人の名はフリッパー上原さん。具志堅さんにとっては同じジムの先輩で、元日本フェザー級チャンピオン。最初は具志堅さんのほうがフリッパーさんを目標にしていたのです。フリッパーさんも若き後輩、具志堅さんの成長のために、自分の専任トレーナーのコーチ時間を譲るなど、もともとはとても良い関係でした。

しかしその後、フリッパーさんは世界へ挑戦し敗退。逆に具志堅さんのほうは世界チャンピオンになり、立場が逆転します。勝負の世界ですから仕方ないこととは言え、具志堅さんは、「自分の試合の前座として試合に出る元日本チャンピオンの先輩」に、だんだんと話しかけにくくなっていきました。

決定的だったのは、世界チャンピオンになった具志堅さんがテレビのインタビューで「(世界チャンピオンになれたのは)会長のおかげ」と発言したこと。フリッパーさんはお世話になった人として自分の名前が挙がらなかったことにショックを受け、以降、具志堅さんと絶縁します。2人の関係が良好なら「小さなこと」だったはず。しかし、関係がぎくしゃくしていたために、他愛ないことが絶縁の引き金になってしまったのです。絶縁関係のまま、フリッパーさんは2度目の世界挑戦に敗れて引退。その後、2人は30年間にわたって音信不通になっていました。

フリッパーさんの奥さんが亡くなったとき、具志堅さんは弔電と花を送りましたが、そのときも、フリッパーさんからは何の連絡もなかったのです。

そんな具志堅さんに、フリッパーさんとの再会のチャンスを与えてくれたのは、ボクシング界ではなく芸能界。「再会」をテーマにした某テレビ番組でした。

フリッパーさんの自宅の前で待機する具志堅さん。

先乗りしたスタッフに対して「会わなくてもいいよ。（具志堅が）テレビに出てたらチャンネルを変える」とフリッパーさん。

しかし、「具志堅さんは奥さんへの焼香だけでもしたいと言っています」とスタッフに説得され、しぶしぶ会うことに。

ところが、実際に具志堅さんの顔を見た途端、**フリッパーさんの心から憑《つ》き物が落ちた**のです。

黙ったまま、どちらからともなく抱き合う2人。

具志堅さんが「先輩がいたから今の自分がいます。本当にありがとうございます」と詫びると「一生会わないつもりでいた。俺もありがとう」フリッパーさん。

30年間のわだかまりも一瞬にして消えてしまう。

直接会うことの偉大な力です。

「会うのに遅すぎる」ということはないのです。

名言サプリ

47

コロッケをつくってほしい。

小林正観《こばやしせいかん》（心理学博士）

「これから死にます」という相手に伝えたこと

あなたは、もし知り合いから「私はもう必要のない人間だと思う。これから死にます」って、のっぴきならない電話がかかってきたらどうしますか？

そんな事態に実際に陥ったのが、この名言の主、今は亡き心理学博士の小林正観さんです。

ある日の真夜中。

正観さんの自宅に、正観さんの奥さんの友だちから「もう死にたい」と電話がかかってきました。

急を要する事態です。

しかし、わざわざ電話をかけてきたということは、口では「死にたい」と言っていても、心の底では「生きたい」と思っている証拠。

正観さんは、たまたま北海道からジャガイモがたくさん届いていたことを思い出し、奥さんにこう告げます。

「これからすぐにこの友だちの家へこのジャガイモを持っていきなさい。そして、友だちにこう頼んでください。『このジャガイモを全部使って、明日の朝までにコロッケをつくって欲しい』」

「死にたい」と言っている相手に対して、まさかの「コロッケ注文」。

正観さんの指示どおり、コロッケを持って友だちの家へかけつける奥さん。

翌朝。

「死にたい」と電話をかけてきた奥さんの友だちは、正観さんのお宅に大量のコロッケを持ってやって来ました。

そして、こう言ったのだそうです。

「コロッケをつくって欲しいと言われたことは嬉しかった。朝までにと言われたから、眠らずに夢中でつくって、夢中で揚げました。そうしているうちに、気がついたら死にたいという気持ちが無くなっていました」

なんと、正観さんは「死」に向いている相手の意識を、「コロッケをつくる」という依頼をすることで、軌道修正させてしまったのです。

「自分は必要とされていない」という寂しさが、その人の心の闇になっていると見抜いての依頼でした。


若くして夫に先立たれ、小さな子どもを抱えて、途方にくれている女性に対して、同じような境遇の女性が送ったアドバイスを何かで読んだことがあります。

「とにかく、あまり先のことは心配しないで、目の前のことだけを考えて解決していれば、いつの間にか何とかなっているものですよ」

このアドバイスは、誰からどんな慰めの言葉をもらっても今後の生活への不安が消えなかった彼女にとって、大きな支えになったそうです。


正観さんも、奥さんの友だちの目の前に、**「小さなできること」**を与えることで命を救ったのですね。

名言サプリ

48

I love you, because you are you.

（私はあなたを愛しています。
なぜなら、あなたがあなただから）

カール・ロジャーズ（アメリカの臨床心理学者）

自分へのラブレター

『寺内貫太郎一家《てらうちかんたろういっか》』『あ・うん』などの作品で知られた女流脚本家、向田邦子《むこうだくにこ》さんのエッセイ『眠《ねむ》る盃《さかずき》』に、こんな熱烈なラブレターが登場します。

〈マハシャイ・マミオ殿

偏食・好色・内弁慶・小心・テレ屋・甘ったれ・新しもの好き・体裁屋・嘘つき・凝り性・怠け者・女房自慢・癇癪《かんしゃく》持ち・自信過剰・健忘症・医者嫌い・風呂嫌い・尊大・気まぐれ・オッチョコチョイ……。

きりがないからやめますが、貴男はまことに男の中の男であります。

私はそこに惚れているのです。〉

向田さんがここまで惚れ抜いた「男の中の男」、マハシャイ・マミオ。

その正体は、インドの大富豪にしてプレイボーイ！

などということはなく、実はこれ、向田さんの飼い猫の名前なのです。

それにしても、挙げられている性格の全部が、普通なら「短所」として見られる点だというところがスゴい。

向田さんが、いかに**マミオ殿のすべてを愛していたか**が伝わってきますね。

「あばたもえくぼ」ということわざがありますが、好きになってしまえば、相手の欠点だって可愛いもの。

好きになった相手の「短所」をダーっと書き連ねて、最後に「その全部が大好き」って書いたら最高のラブレターになりますね（誰か試してみてください！）。

さて。

名言の主、カール・ロジャーズ（1902～1987）はアメリカの臨床心理学者です。心の悩みを抱えた相談者との対話によって進める「来談者中心療法」の確立者の1人で、そもそも、相談者を「患者」ではなく、来談者（＝クライエント）と称したのも彼が最初なのだそうです。

この「I love you, because you are you.」って、相手のすべてを無条件に受け入れて愛するということ。

さて、ここで1つ提案。

「自分に自信が持てない」

「自分が嫌い」

そんな悩みを持つあなたは、このロジャーズの言葉を「自分へのラブレター」にしてみてはどうでしょうか？

「I love me, because I am me.」
（私は私を愛しています。なぜなら、私が私だから）

恰好良くなくても、欠点があっても、悩んでいても、丸ごと自分を受け入れる！

だって、それが自分なんですから！

名言サプリ

49

僕は犬以外に
なりたいなんて思ったことないな。

スヌーピー

（チャールズ・M・シュルツの漫画『ピーナッツ』のキャラクター）

ありのままのあなたで

突然ですが、漫画に関するカルトクイズです。

問題　チャールズ・M・シュルツの漫画『ピーナッツ』の主人公、チャーリー・ブラウンの父親の職業は何でしょう？

これ、かなりのスヌーピー好きでも知らないのではないでしょうか？　もったいぶらずに正解を言いましょう。

答えは、床屋さん。

チャーリー・ブラウンの頭がやけにサッパリしているのは、ハゲているのではなく、父親に髪を短く切られていたのですね。

その父親について、チャーリーが友だちのライナスに、こうつぶやくシーンがあります。

「（父親は）自分以外の人間になりたいと願いながら、人生を送るのは耐え難いっ

て」

そう。チャーリー・ブラウンの父親は、床屋にはなりたくなかったのです。床屋になった自分を後悔していて、自分以外の人間になりたいと考えている。そして、そんなことを考えてしまう自分の人生は耐え難いと言っているようなのです。

そのチャーリーの言葉を、ライナスとともに聞いていたスヌーピーが、心のなかで思ったのがこの名言です。

「僕は犬以外になりたいなんて思ったことないな」

これって、完全なる自己肯定ですね。

この本の「過去だって変えられる」の話にも登場している赤毛のアンにも、似たような言葉が出てきます。

「私は自分以外の誰にもなりたくないわ、たとえダイヤモンドには一生縁がなくても。私は、真珠の首飾りをしたグリーン・ゲイブルズのアンで心から満足しているの。だって、この首飾りは、マシューの愛情がこもっているんだもの。大富豪のマダムがしているダイヤモンドや宝石にこめられた愛情と、決して劣らないわ」

グリーン・ゲイブルズに来る前のアンは、孤児院で育ち、毛が赤くて痩《や》せっぽちな自分にコンプレックスを持ち、お姫様など、「自分以外の自分」を想像することで心を満たしていました。

しかし、マシューとマリラの養女となることで愛情に満たされ、「現在のありのままの自分」に心から満足するようになったのです。

アンが、いかに愛情に包まれていたかは、アンが「本当は働き手となる男の子を養子にしたかったのでは？」とマシューに疑問を投げかけたときのマシューの言葉でわかります。マシューは微笑みながら、こう言ったのです。

「わしは1ダースの男の子よりも、アンの方がいいよ。いいかい、1ダースの男の子よりもだよ」

今のあなたは、アンのように、すでに、誰かに愛されているのではありませんか？だったらもう、ありのままで良いではありませんか。

名言サプリ

50

花は優しい。
見る人を慰めて
何も見返りを求めない。

美輪明宏《みわあきひろ》（シンガーソングライター・演出家）

遠い国の「傷ついた人たち」のために

手塚治虫《てづかおさむ》の漫画に『W3（ワンダースリー）』という作品があります。

ごく簡単に説明すると、戦争を繰り返す人類の姿にあきれた「銀河連盟」が、W3と呼ばれる銀河パトロール3名を地球に派遣して、地球人を滅亡させるべきかどうかを調査させるというストーリー。

調査の期間は1年間で、もし、W3の3名が「地球人は愚かで、残すには値しない」と判断すれば、反陽子爆弾で地球を消滅させるという設定です。

子どもの頃、テレビのアニメで『W3』を観た私は、「こ、これはえらいことになった！」と思ったものです。「反陽子爆弾」という言葉の響きも妙に怖かったのを覚えています。

「人類の歴史において、戦争が途絶えたことはない」と聞いたことがあります。

真偽のほどは定かではありませんが、そう言われるくらい人類は戦争に明け暮れてきたのです。

こう聞けば、「銀河連盟」が地球人にあきれるのもわかるような気がします。

しかし。

人類には、残すに値するだけの「素晴らしいもの」を持っている人がたくさんいます。

その「素晴らしいもの」。

それは……「愛」。

見返りをいっさい求めない「無償の愛」です。

男女の愛だけではありません。

親子の愛、友人への愛、そして、ときには見ず知らずの人への愛……。

2011年3月11日に発生した東日本大震災。

地震と津波によって、1万8千人を越える死者・行方不明者が出た、この大災害を知った世界中の人たちから、日本へたくさんのメッセージが届きました。

そのうちの1通、フランスからのメッセージです。

〈私は日本が大好きです。
私は72歳ですが、50キロの荷物を運ぶことができます。
いつでもお役に立てます。
見返りはいりません。
旅費もいりません。
24時間働きます。〉

はるか遠い国の「傷ついた人たち」のために、何の見返りも求めずに、こんな申し出をする72歳の人がいる。

それだけでも、人類は「残す価値のある素晴らしい存在」ではないでしょうか。

美輪明宏さんの名言にある「花」のように、何の見返りも求めない「優しさ」。
それが本当の「無償の愛」。
この世界で、もっとも美しく、尊いものです。
それがある限り、世の中、まだまだ捨てたもんじゃないと思います。

あとがき

最後まで読んでいただきありがとうございました。

あなたのこれからの人生の助けになるサプリが見つかりましたでしょうか？

「はじめに」でも少し触れましたが、私は子どもの頃から、いわゆる「名言」が大好きでした。

小学校の低学年の頃、ことわざ辞典の「ふろく」部分である「世界の名言・金言」というところを繰り返し読んだものです。

ちなみに、その頃、一番お気に入りだった名言はゲーテの**「涙とともにパンを食べたものでなければ、人生の味はわからない」**。

小学生で「人生の味」とは、１００年早いですよね。

たった1行の名言が、ときとして人生の指針となり、ピンチを救ってくれることがあります。

本書のなかにも、「これからの生活」に不安を持っていた人が、たったひと言に救われたり、死のうと思っていた人が思いとどまったりと、そんなエピソードを紹介しています。

この本で紹介した名言や、エピソードのなかに、そんな、あなたに役立つ「言葉のサプリ」が1つでもあることを願っています。

西沢泰生

参考文献一覧

主な参考文献は次の通りです（順不同）

『ひとりぼっちを笑うな』蛭子能収著　角川ｏｎｅテーマ21／『イチロー　北野武　キャッチボール』（ぴあ株式会社）／『赤めだか』立川談春著（扶桑社）／『なぜ大谷翔平は二刀流で闘えるのか』児玉光雄著　双葉新書／『そうだ、星を売ろう』永井孝尚著　ＫＡＤＯＫＡＷＡ／『何を捨て何を残すかで人生は決まる』本田直之著　青春新書インテリジェンス／『小山薫堂　幸せの仕事術』小山薫堂著　ＮＨＫ出版／『本気になればすべてが変わる』松岡修造著　文春文庫／『粋に暮らす言葉』杉浦日向子著　イースト・プレス／『ユーモアのレッスン』外山滋比古著　中公新書／『心に響く１００の言葉』ＰＨＰ編／『てっぺん』高橋がなり・つんく著　ビジネス社／『高田純次のテキトー格言』高田純次著　ＫＡＤＯＫＡＷＡ／『「私は私」で人間関係はうまくいく』和田裕美著　中経出版／『本音で生きる』堀江貴文著　ＳＢ新書／『ものの見方検定』ひすいこたろう著　祥伝社／『悩みごとの９割は捨てられる』植西聰著　あさ出版／『「これでいい」と心から思える生き方』野口嘉則著　サンマーク出版／『白洲次郎１００の箴言』笠倉出版社／『一瞬で心をつかむプロの「決めゼリフ」』向谷匡史著　青志社／『田中角栄１００の言葉』別冊宝島編集部編　宝島社／『エイベックスで学んだ思いつきをお金に変える技術』津森修二著（サンマーク出版）／『日本へのラブレター　～世界から届いた５０００通のメッセージ』ＮＨＫワールド、ラジオ日本著（あさ出版）／『本日の水木サン　思わず心がゆるむ名言３６６日』水木しげる著・大泉実成編（草思社）／読売新聞２０１６年３月27日『秋元康の１分後の昔話』／『眠る盃』向田邦子著（講談社文庫）／『松下幸之助「一日一話」』ＰＨＰ研究所／『７つの習慣・名言集』スティーブン・Ｒ・コヴィー著（キングベアー出版）／『林家たい平　快笑まくら集』林家たい平著（竹書房文庫）／『赤毛のアン』モンゴメリー原作・松本侑子訳（集英社文庫）

※この他、名言については各種の名言集、ネット上の記事なども参考に致しました。

本作品は二〇一六年九月に大和書房より刊行された
『1分で心に効く　50の名言とストーリー』を改題し、
大幅な加筆と再編集のうえ文庫にしたものです。

祥伝社黄金文庫

言葉《ことば》なんかで人生《じんせい》なんて変《か》わらないと思《おも》っているあなたに
名言《めいげん》サプリ

令和3年2月20日　初版第1刷発行

著　者　西沢泰生《にしざわやすお》
発行者　辻　浩明
発行所　祥伝社《しょうでんしゃ》
〒101－8701
東京都千代田区神田神保町3－3
電話　03（3265）2084（編集部）
電話　03（3265）2081（販売部）
電話　03（3265）3622（業務部）
www.shodensha.co.jp

印刷所　萩原印刷
製本所　積信堂

Printed in Japan　ⓒ 2021, Yasuo Nishizawa　ISBN978-4-396-31801-7 C0130

祥伝社黄金文庫

西沢泰生《やすお》
日曜の夜、明日からまた会社かと思った時に読む40の物語
仕事って意外に面白いかも。あの著名人のとっておきのエピソードと名言40本。仕事の見方が180度変わります！

ひすいこたろう
犬のうんちを踏んでも感動できる人の考え方
——ものの見方クイズ
この本は、あなたをもっと自由にする本です。人生を100倍楽しくする考え方をクイズ形式でお伝えします。

ひすいこたろう
石井しおり
恋人がいなくてもクリスマスをワクワク過ごせる人の考え方
——常識を疑うことから始めよう
今日は何があっても楽しもうと決めよう。決めたらそうなります。ビジネスの現場で役立つ先人の言葉＋エピソード。

ひすいこたろう
白駒妃登美
人生に悩んだら「日本史」に聞こう
秀吉、松陰、龍馬……偉人たちの発想の転換力とは？　悩む前に読みたい、愛すべきご先祖様たちの人生訓。

早川　勝
強運の神様は朝が好き
こうすれば運は自分でコントロールできる！　主人公の運命が大逆転。読めばあなたの人生も変わる奇跡の物語。

美月あきこ
ファーストクラスに乗る人のシンプルな習慣
3％のビジネスエリートが実践していること
CAだけが知る、成功者の共通点は、今すぐ実践できることばかり！「人生逆転」「商売繁盛」のヒントが満載！